KB212857

淸涼國師華嚴經疏鈔

청량국사화엄경소초 25

여래명호품

청량징관 찬술 · 관허수진 현토역주

운주사

서언

천이백 년 침묵의 역사를 깨고

오늘도 나는 여전히 거제만을 바라본다.

겹겹이 조종하는 산들

산자락 사이 실가닥 저잣길을 지나 낙동강의 시린 눈빛

그 너머 미동도 없는 평온의 물결 저 거제만을 바라본다.

십오 년 전 그날 아침을 그리며 말이다.

나는 2006년 1월 10일 은해사 운부암을 다녀왔다.

그리고 그날 밤 열한 시 대적광전에서 평소에 꿈꾸어 왔던『청량국사 화엄경소초』완역의 무장무애를 지심으로 발원하고 번역에 착수하였다.

나의 가냘픈 지혜와 미약한 지견으로 부처님의 비단과도 같은 화장세계에 청량국사의 화려하게 수놓은 소초의 꽃을 피워내는 긴 여정을 시작한 것이다.

화엄은 바다였고 수미산이었다.

그 바다에는 부처님의 용이 살고 있었고

그 산에는 부처님의 코끼리가 노닐고 있었다.

예쁘게 단장한 청량국사 소초의 꽃잎에는 부처님의 생명이 태동하고 있었고,

겁외의 연꽃 밭에는 영원히 지지 않는 일승의 꽃이 향기를 뿜어내고

있었다.

그 바다 그 산 그리고 그 꽃밭에서 10년 7개월(구체적으로는 2006년 1월 10일부터 2016년 8월 1일까지) 동안 자유롭게 노닐었다.

때로는 산 넘고 강 건너 협곡을 지나고

때로는 은하수 별빛 따라 오작교도 다니었다.

삼경 오경의 그 영롱한 밤

숨쉬기조차 미안한 고요의 숭고함

그 시공은 영원한 나의 역경의 놀이터였다.

애시당초 이 작업은 세계 인문학의 자존심

내가 살아 숨쉬는 이 나라 대한민국 그리고 불교의 자존심에 기인한 것이다.

일찍이 그 누가 이 청량국사의 『화엄경소초』를 완역하였다면 나는 이 작업을 하지 않았을 것이다.

지금도 여전히 완역자는 없다.

더욱이 이 『청량국사화엄경소초』의 유일한 안내자 인악스님의 『잡화기』와 연담스님의 『유망기』도 그 누가 번역한 사실이 없다.

그러나 내 손안에 있는 두 분의 『사기』는 모두 다 번역하여 주석으로 정리하였다.

이 청량국사 화엄경의 소는 초를 판독하지 않으면 알 수가 없다.

그래서 그 이름을 구체적으로 대방광불화엄경수소연의초大方廣佛華嚴經隨疏演義鈔라 한 것이다.

즉 대방광불화엄경의 소문을 따라 그 뜻을 강연한 초안의 글이라는 것이다.
청량국사는『화엄경』의 소문을 4년(혹은 5년) 쓰시되 2년차부터는 소문과 초문을 함께 써서 완성하시고 5년차부터 8년 동안 초문을 쓰셨다.
따라서 그 소문의 양은 초문에 비하면 겨우 삼분의 일에 지나지 않는다 할 것이다.

나는 1976년 해인사 강원에서 처음『청량국사화엄경소초 현담』여덟 권을 독파하였고,
1981년부터 3년간 금산사 화엄학림에서『청량국사화엄경소초』를 독파하였다.
그때 이미 현토와 역주까지 최초 번역의 도면을 완성하였고,
당시에 아쉽게 독파하지 못한 십정품에서 입법계품까지의 소초는 1984년 이후 수선 안거시절 해제 때마다 독파하여 모두 정리하였다.

그러나 번역의 기연이 맞지 않아 미루다가 해인사 강주시절 잠시 번역에 착수하였으나 역시 기연이 맞지 않아 미루었다.
그리고 드디어 2006년 1월 10일 번역에 착수하여 2016년 8월 1일 십만 매 원고로 완역 탈고하고, 2020년 봄날 시공을 초월한 사상 초유『청량국사화엄경소초』가 1,200년 침묵의 역사를 깨고 이 세상에 처음 눈을 뜨게 된 것이다.

번역의 순서는 먼저 입법계품의 소초, 다음에는 세주묘엄품 소초에서 이세간품 소초까지, 마지막으로 소초 현담을 번역하였다.
번역의 형식은 직역으로 한 글자도 빠뜨리지 않고 번역하였다.
따라서 어색하게 느껴지는 곳도 있을 것이다.
예를 들면 소所 자를 "바"라 하고, 지之 자를 지시대명사로 "이것, 저것"이라 하고, 이而 자를 "그러나"로 번역한 등이 그렇다.
판본은 징광사로부터 태동한 영각사본을 뿌리로 하였고, 대만에서 나온 본과 인악스님의 『잡화기』와 연담스님의 『유망기』와 또 다른 사기 『잡화부』(잡화부는 검자권부터 광자권까지 8권만 있다)를 대조하여 번역하였다.

앞에서 이미 말한 것처럼, 그 누가 청량국사의 『화엄경소초』를 완역한 적이 있었다면 나는 이 번역에 착수하지 않았을 것이다.
지금까지 이 황금보옥黃金寶玉의 『청량국사화엄경소초』가 번역되지 아니한 것은 나에게 주어진 시대적 사명이고 역사적 명령이라 생각한다.
나는 이 『청량국사화엄경소초』의 완역으로 불조의 은혜를 갚고 청량국사와 은사이신 문성노사 그리고 나를 낳아준 부모의 은혜를 일분 갚는다 여길 것이다.

끝으로 이 『청량국사화엄경소초』가 1,200년의 시간을 지나 이 세상에 눈뜨기까지 나와 인연한 모든 사람들 그리고 영산거사 가족과 김시열 거사님께 원력의 보살이라 찬언讚言하며, 나의 미약한 번역으로 선지자의 안목을 의심케 할까 염려한다.

마지막 희망이 있다면 이 『청량국사화엄경소초』의 완역 출판으로 청량국사에 대한 더욱 깊고 넓은 연구와 『화엄경』에 대한 더욱 다양한 연구가 이루어지기를 바라는 것뿐이다.

장세토록 구안자의 자비와 질책을 기다리며 고개 들어 다시 저 멀리 거제만을 바라본다.

여전히 변함없는 저 거제만을.

2016년 8월 1일 절필시에 게송을 그리며

長廣大說無一字 장광대설무일자

無碍眞理亦無義 무애진리역무의

能所兩詮雙忘時 능소양전쌍망시

劫外一經常放光 겁외일경상방광

화엄경의 장대한 광장설에는 한 글자도 없고

화엄경의 걸림없는 진리에는 또한 한 뜻도 없다.

능전의 문자와 소전의 뜻을 함께 잊은 때에

시공을 초월한 경전 하나 영원히 광명을 놓누나.

불기 2566년 음력 1월 10일 최초 완역장

승학산 해인정사 관허 수진

● 화엄경소초현담華嚴經疏鈔玄談(1~8)

● 화엄경소초華嚴經疏鈔

1. 세주묘엄품世主妙嚴品
2. 여래현상품如來現相品
3. 보현삼매품普賢三昧品
4. 세계성취품世界成就品
5. 화장세계품華藏世界品
6. 비로자나품毘盧遮那品
7. 여래명호품如來名號品
8. 사성제품四聖諦品
9. 광명각품光明覺品
10. 보살문명품菩薩問明品
11. 정행품淨行品
12. 현수품賢首品
13. 승수미산정품昇須彌山頂品
14. 수미정상게찬품須彌頂上偈讚品
15. 십주품十住品
16. 범행품梵行品
17. 초발심공덕품初發心功德品
18. 명법품明法品

영인본 4책 暑字卷之一

대방광불화엄경수소연의초 제십이권의 일권

大方廣佛華嚴經隨疏演義鈔 第十二卷之一卷

우진국 삼장사문 실차난타 번역

청량산 대화엄사 사문 징관 찬술

대한민국 조계종 사문 수진 현토역주

여래명호품 제칠권

如來名號品 第七卷

疏

此下는 第二에 修因契果生解分이니 第二會初로 盡第十會如來出現品이라 將釋此品에 五門分別하리라 初에 來意者는 先明分來니 前旣擧果하야 令生信樂하고 今明能生因果信解일새 故次來也라 二에 會來者는 生解之中에 信爲其首故며 又前擧所信之境하고 今明能信之行일새 故次來也라 三에 品來者는 前品은 擧因顯果하야 成所信之境하고 今擧果辨因하야 彰能信之行이니 果中三業에 身爲其總일새 故先來也라 又遠答前名號海問故니라

이 아래는[1] 제 두 번째 원인을 닦아 과보에 계합하여 지해를 내게 하는 분(修因契果生解分)이니
제이회 초로부터 제십회 여래출현품에서 마친다.

---

1 이 아래라고 운운한 두 줄은 소본에는 없으니 당연히 연자衍字이다. 이 아래 석문釋文 가운데 이르러 이 말이 있는 까닭이다. 이상은 『잡화기』의 말이다.

장차 이 여래명호품을 해석함에 오문五門으로 분별하겠다.

처음에 여기에 온 뜻은 먼저 분分이 여기에 온 뜻을 밝히는 것이니 앞에서는 이미 과보를 들어 하여금 믿음의 즐거움을 내게 하였고 지금에는 능히 인과의 신해信解를 내게 함을 밝히기에 그런 까닭으로 다음으로 여기에 온 것이다.

두 번째 회가 여기에 온 뜻은 지해知解를 내게 하는 가운데는 믿음이 그 으뜸이 되는 까닭이며,

또 앞에서는 믿을 바(所信) 경계를 들었고 지금에는 능히 믿는(能信) 행을 밝히기에 그런 까닭으로 다음으로 여기에 온 것이다.

세 번째 품이 여기에 온 뜻은 앞에 품에서는 원인을 들어 과보를 나타내어 믿을 바(所信) 경계를 성립하였고 지금에는 과보를 들어 원인을 분별하여 능히 믿는(能信) 행을 밝히는 것이니,

과보(果) 가운데[2] 삼업에 몸이 그 총체가 되기에 그런 까닭으로 먼저

---

2 과보 가운데라고 한 등은, 『잡화기』에 말하기를 지금에 이 여래명호품이 여기에 온 가운데도 또한 앞을 상대하고 뒤를 상대하는 두 가지 뜻이 있나니 이 위에는 이 앞을 상대하여 분별한 것이고, 여기는 이 뒤를 상대하여 분별한 것이다. 대개 앞을 상대하여서는 다음에 온 것을 밝히고, 뒤를 상대하여서는 먼저 온 것을 밝힌 것이다 하였다. 삼업에 그 몸이 총체가 된다고 한 것은 이 명호품은 여래의 신업身業으로써 방소를 따라 명호가 각각 다르다. 이 명호품은 삼업 가운데 총인 신업에 중점을 두었나니 영인본 화엄 4책, p.397, 5행에 종종신種種身 운운이라 하였다. 사성제품은 어업語業에 중점을 두었다. 즉 종종어업種種語業이다.

여기에 온 것이다.
또 멀리 앞에 명호해名號海에[3] 대한 질문을 답한 까닭이기도 하다.

鈔

二에 會來者는 於中有二하니 一은 對後辯來니 以一分六會에 今是初故라 二에 又前擧下는 對前辯來라 又遠答前名號海問者는 自是十海가 爲總意耳니라

두 번째 회가 여기에 온 뜻이라고 한 것은 그 가운데 두 가지가 있나니
첫 번째는 뒤를 상대하여 여기에 온 뜻을 분별한 것이니
일분一分의 육회六會에 지금은 초회初會인 까닭이다.
두 번째 또 앞에서는 믿을 바 경계를 들었다고 한 아래는 앞을 상대하여 여기에 온 뜻을 분별한 것이다.

또 멀리 앞[4]에 명호해에 대한 질문을 답한 것이라고 한 것은 스스로 이 십해十海가 총總의 뜻이 되는 것이다.[5]

---

3 멀리 앞에 명호해名號海에 운운한 것은 앞의 십해十海 가운데 세계해와 안립해는 앞에서 답하였고, 명호해는 여기 명호품에서 답한다는 것이다.

4 답答 자 아래에 전前 자가 있어야 한다.

5 이 십해가 총의 뜻이 된다고 한 것은, 『잡화기』에 말하기를 이것은 통답하는 가운데 제 두 번째 총석과 별석의 뜻이니 이미 앞의 소문에서 나타내었다. 앞의 소문이란 숙자권宿字卷 상권 32장이다.

疏

二에 釋名도 亦三이라 初에 分名은 修因契果生解分이니 謂修五位之圓因하야 成十身之滿果하야 令諸菩薩로 解此相故라 卽生修因契果之解니 依主釋也라 二에 會名은 約處인댄 名普光明殿會라 然有三釋하니 一은 以殿是寶成하야 光普照故요 二는 佛於其中에 放普光故요 三은 佛於殿中에 說普法門하야 慧光照世일새 故立其名이니 依前一義인댄 卽依主釋이요 後二는 有財라 約法인댄 則名信行之會니라 三에 品名은 如來現相品에 已釋하니라 召體曰名이요 表德爲號라 名別號通이니 一切諸佛이 通具十號나 名釋迦等은 則不同故니라 如來는 卽十之一이니 品中正說이나 隨機就德하야 以立別名이라 旣表德之名인댄 則亦名亦號니 如來之名號는 依主釋也라

두 번째 이름을 해석하는 것도 또한 세 가지가 있다.
처음에 분分의 이름은 원인을 닦아 과보에 계합하는 지해를 내게 하는 분이니,
말하자면 오위의 원만한 원인을 닦아서 십신의 원만한 과보를 이루어 모든 보살로 하여금 이 모습을 알게 하는 까닭이다.
곧 원인을 닦아 과보에 계합하는 지해를 내게 하는 것이니 의주석依主釋이다.

두 번째 회의 이름은 처소를 잡는다면[6] 이름이 보광명전회다.

그러나 세 가지 해석이 있나니
첫 번째는 이 궁전은 보배로 이루어져 광명이 널리 비치는 까닭이요
두 번째는 부처님이 그 궁전 가운데 넓은 광명을 놓는 까닭이요
세 번째는 부처님이 그 궁전 가운데 넓은 법문을 연설하여 지혜의 광명을 세상에 비추기에 그런 까닭으로 그 보광명전이라는 이름을 세운 것이니
앞에 한 뜻을 의지한다면 곧 의주석依主釋이요, 뒤에 두 뜻은 유재석有財釋이다.
법을 잡는다[7]면 곧 이름이 신행信行의 회이다.

세 번째 품品의 이름은 여래현상품에서 이미 해석하였다.[8]

---

6 처소를 잡는다면이라고 한 등은, 『잡화기』에 말하기를 이통현 장자의 『화엄합론』에 말하되 모든 회 가운데 다 보광명전이라는 말이 있지만, 그러나 보광명전이라 말하지 않고 다만 제이회만 보광명전이라 이름한 것은 만약 법을 표한다면 보광이라고 한 것은 이 중생에게 본래부터 있는 보광이니, 그런 까닭으로 중생으로 하여금 본래부터 있는 보광을 믿게 하기에 십신 가운데 보광이라 말한 것이다. 그러나 이 가운데 세 가지 해석(처소를 잡는 가운데 세 가지 해석이니 바로 아래 있다)이 다 다만 보광명전이라는 네 글자만 잡아서 말한 것이니, 다만 보광명의 전만 말하는 것뿐이고 보광명전의 회를 말한 것은 아니다 하였으니 『회현기』 4권 15장 하단을 볼 것이다 하였다.

7 법을 잡는다고 한 것은 一은 처소를 잡은 것이고, 二는 법을 잡은 것이다.

8 여래현상품에서 이미 해석하였다고 한 것은 여래현상품에 다섯 가지 뜻이 있나니 첫 번째는 진리(理)에 나아가 말한 것이니 여如는 법성法性이고 내來는 장애를 벗어난 것이다. 두 번째는 오직 행行만 취하여 말한 것이니 말이 허망하지 않는 것이요, 세 번째는 진리와 지혜(理智)를 합하여 말한 것이니

부처님의 자체를 부르는 것을 이름이라 말하고, 공덕을 표하는 것을 호號라 한다.
이름(名)은 각각 다르지만 호號는 다 통하나니,
일체 모든 부처님이 모두 십호十號를 구족하였지만 이름을 석가모니라고 한 등은 곧 같지 않는 까닭이다.
여래는 곧 십호 가운데 하나이니 품 가운데서 바로 설하였지만 근기를 따라 공덕에 나아가 따로 이름을 세웠다.
이미 공덕의 이름[9]을 표하였다면 곧 또한 이름(名)이며 또한 호號이니 여래의 명호는 의주석이다.

鈔

三에 佛於殿中者는 就此普法하야 自有四義하니 一은 境智合說이니 眞俗遐周曰普요 妙智照達名光이라 二는 單約境說이니 體周曰普요 用徹爲光이라 三은 唯約智說이니 準境可知라 四는 約融攝說이니 若事若理가 皆無障礙하야 一塵一行이 猶如帝網曰普요 圓明顯煥爲光이라 餘如十玄하니라 表德爲號는 亦有釋云호대 表德爲字요 響頒人天曰號라하니라 今以卽字是號니 猶如十號가 皆約德故니라 言名別號通者는 總相說耳라 品中正說下는 揀定通局이니 可知라

여如는 제일의제이고 내來는 정각正覺이다. 네 번째는 모습을 떠나 말한 것이니 온 바 법이 없는 것이요, 다섯 번째는 융섭하여 말한 것이니 한 여如일 뿐 두 여如가 없는 것이니 곧 다 여如가 아님이 없는 것이다 하였다.

9 공덕의 이름이라고 한 것은 곧 여래의 열 가지 이름이다.

세 번째 부처님이 그 궁전 가운데 넓은 법문을 연설하였다고 한 것은 이 넓은 법문에 나아가 스스로 네 가지 뜻이 있나니

첫 번째는 경계와 지혜를 합하여 설하는 것이니

진제와 속제가 멀리까지 두루하는 것은 넓다(普)고 말하고, 묘한 지혜로 비추어 통달하게 하는 것을 광명(光)이라 이름한다.

두 번째는 단적으로 경계만을 잡아 설하는 것이니

자체가 두루하는 것을 넓다 말하고, 작용이 사무치는 것을 광명이라 한다.

세 번째는 오직 지혜만을 잡아 설하는 것이니

경계를 기준하면 가히 알 수가 있을 것[10]이다.

네 번째는 원융하게 섭수함을 잡아 설하는 것이니

혹 사실과 혹 진리가 다 걸림이 없어서 한 티끌 한 행이 마치 제석의 그물과 같은 것을 넓다 말하고, 원만하게 밝아 훤히 비추는 것을 광명이라 한다.

나머지는 십현문과 같다.[11]

---

10 경계를 기준하면 가히 알 수가 있을 것이라고 한 것은 역시 자체가 두루하는 것은 넓다고 말하고, 작용이 사무치는 것은 광명이라 하는 줄 가히 알 수가 있다는 것이다. 즉 지혜의 자체가 두루하는 것은 넓다는 것이고, 지혜의 작용이 사무치는 것은 광명이라는 것이다.

11 나머지는 십현문과 같다고 한 것은, 『잡화기』에 말하기를 융합하여 섭수하는 가운데 나아가 다만 간략하게 그 모습만 설한 까닭으로 여기에서 널리 설한 곳(십현문)을 가리킨 것이다 하였다.

공덕을 표하는 것을 호號라 한다고 한 것은 또한 어떤 사람이 해석하여 말하기를 공덕을 표하는 것을 자字라 하고, 명성의 메아리가 인간과 천상에 퍼지는[12] 것을 호號라 말한다 하였다.
지금에는 곧 자字가 이 호號이니 마치 여래의 십호가 다 공덕을 잡은 것과 같은 까닭이다.

이름은 각각 다르지만 호는 다 통한다고 말한 것은 총상總相으로 설한 것이다.

품 가운데서 바로 설하였다고 한 아래는 통通과 국局을 가려 결정한 것이다.[13]

疏

三에 宗趣도 亦三이니 初에 分宗은 謂以修生修顯의 因果爲宗이요 令諸菩薩로 修行契入爲趣라 二에 會宗者는 若就總望인댄 信解行德을 攝位爲宗이요 通成佛果爲趣니 信能必到如來地故니라

---

12 頒은 퍼질 반 자이다.

13 통通과 국局을 가려 결정한다고 한 것은, 『잡화기』에 말하기를 이 위에는 여래의 이름(비로자나)으로써 국한함을 삼았으나 그러나 이 여래명호품 가운데는 다 공덕의 이름을 표한 까닭으로 통함을 삼은 것이다. 그러한즉 국한함을 가려 통함을 결정한 것이다 하였다. 국局은 곧 별別이다. 또 통通은 품品 가운데 말한 것이고, 국局은 지금 가운데 말한 것이다.

近望인댄 唯信爲宗이요 成位爲趣라 若依長科인 十分之宗인댄 此下三品이 以爲一分이니 卽果用應機하야 周遍法界로 以爲其宗이요 依此起信爲趣라 故此亦名正報因果며 亦是所信이라 信何法門고 信佛身名이 等於衆生인댄 則知我名이 如佛名也요 信佛法門이 隨宜而立인댄 知我妄念苦集이 亦全法門이요 信佛意業이 光明遍照인댄 則知自心이 無不知覺이라 故로 先古諸德이 亦將上三品하야 擧果分收라 三에 品宗者는 顯佛名號가 周遍爲宗이요 隨機調化하야 利益爲趣라 或上二는 皆宗이요 生信은 爲趣하니라

세 번째 종취도 또한 세 가지가 있나니
첫 번째 분分의 종취는 말하자면 수생修生과 수현修顯의 인과로써 종宗을 삼고 모든 보살로 하여금 수행하여 계합해 들어가게 함으로써 취趣를 삼는 것이다.

두 번째 회의 종취는 만약 총망總望에 나아간다면[14] 신·해·행·덕을 지위에 섭수함으로 종宗을 삼고 불과佛果를 모두 성취함으로 취趣를 삼나니
믿음의 능력은 반드시 여래의 땅에 이르게 하는 까닭이다.
근망近望[15]에 나아간다면 오직 믿음으로 종宗을 삼고 지위[16]를 이룸으

14 만약 총망總望에 나아간다면 운운한 것은, 『잡화기』에 말하기를 총망으로써 별망을 그윽이 나타내고, 근망으로써 원망을 그윽이 나타낸 것은 초문에 있으니 가히 알 수 있을 것이다 하였다. 초문이란 바로 아래 영인본 화엄 4책, p.325, 5행에 있다. 총망은 원망遠望이다.

로 취趣를 삼을 것이다.

만약 장과長果인 십분十分[17]의 종취를 의지하다면 이 아래 삼품三品[18]이 일분一分이 되나니

곧 과보의 작용이 근기에 응하여 법계에 두루함으로써 그 종을 삼고 이것을 의지하여 믿음을 일으킴으로 취를 삼는 것이다.

그런 까닭으로 이것[19]을 또한 정보 인과라 이름하며 또한 소신所信 인과라 하는 것이다.

어떤 법문을 믿는가.

부처님의 몸과 이름이 중생과 같은 줄 믿으면[20] 곧 나의 이름이 부처님의 이름과 같은 줄 알 것이요

부처님의 법문이 마땅함을 따라 세운 것[21]인 줄 믿으면 나의 망상 고집이[22] 또한 법문과 전일全一한 줄 알 것이요

---

15 근망近望은 별망別望이다.

16 지위란, 십주 등이다.

17 장과長果 십분十分이라고 한 것은 수품장분과십隨品長分科十이다.

18 이 아래 삼품三品이라고 한 것은 여래명호품과 사성제품과 광명각품이다.

19 그런 까닭으로 이것이라 운운한 것은 위에 뜻을 증거하고 성립하여 구쇄과와 본회과 등의 과목 가운데 뜻을 배속한 것이다고 『잡화기』는 말한다.

20 부처님의 몸과 이름이 중생과 같은 줄 믿는다면이라고 한 등은, 『잡화기』에는 다만 이 아래 삼단이 차례와 같이 이 명호품 등 삼품의 뜻이라고만 말하였다. 삼품은 여래명호품과 사성제품과 광명각품이다. 여기에 부처님의 몸과 이름이라 한 아래는 여래명호품이다.

21 부처님의 법문이라고 한 아래는 사성제품이고, 마땅함을 따라 세운 것이라고 한 것은 방편이다.

22 고집이라는 말 아래에 소본에는 인과라는 두 글자가 있다고 『잡화기』는

부처님의 의업意業 광명[23]이 두루 비추는 줄 믿으면 곧 자심自心이 알아 깨닫지 아니함이 없는 줄 알 것이다.
그런 까닭으로 옛날에 제덕諸德들이 또한 위에 삼품三品[24]을 가져 과보를 들어 즐거움을 권하여 믿음을 내게 하는 분(擧果勸樂生信分)에 거두었다.

세 번째 품品의 종취는 부처님의 명호가 두루함을 나타냄으로 종을 삼고 근기를 따라 두루 교화하여 이익케 함으로 취를 삼는 것이다. 혹은 위에 두 가지는 다 종이 되고 믿음을 내게 하는 분(生信分)은 취가 된다 하였다.

鈔

修生修顯의 因果爲宗者는 修生은 約差別因果요 修顯은 約平等因果라 若就總望等者는 亦名爲遠望이라 爲成佛果故로 爲遠이요 具解行德故로 爲總이니 解卽問明이요 行卽淨行이요 德卽賢首라 近望者는 唯望十住故로 爲近이라 亦合名別이니 將前攝位하야 爲此趣故라 攝位者는 十信滿心에 頓攝諸位나 今此는 唯爲成十住니 故仁王에

말한다.

23 부처님의 의업意業 광명이라고 한 아래는 광명각품이다.

24 위에 삼품三品이라고 한 것은 제이회에 십신의 육품 가운데 앞에 삼품이다. 즉 현수스님 등은 광명각품까지 제일에 거과권락생신분으로 보았다. 그러나 지금의 청량스님은 비로자나품까지 제일에 거과권락생신분으로 보고, 여래명호품부터 제이에 수인계과생해분으로 보았다.

不開十信하고 攝在十住니 信爲能成이요 住爲所成이라 若依長科下는 第二에 約別科辯宗이니 略有三義라 一에 隨品長分科는 總爲十段이니 今當第四故라 二에 故此亦名正報因果者는 卽前後鉤鎖科로 亦當第二니 毘盧遮那는 是因이요 此三品은 爲果故라 三에 亦是所信者는 賢首向前하야 亦將此三하야 屬所信因果中에 正報果故니 如下疏指하야 亦屬四分之第一分故니라 而言亦者는 有二意하니 一은 對今科에 屬第二分故요 二는 對隨其本會科에 名能信成德會니 今爲所信일새 故云亦也라하니라

수생과 수현의 인과로 종취를 삼는다고 한 것은 수생修生은 차별인과差別因果를 잡은 것이요,
수현修顯은 평등인과平等因果를 잡은 것이다.

만약 총망에 나아간다면이라고 한 등은 또한 이름을 원망遠望이라고도 한다.
불과佛果를 이루기 위한 까닭으로 원망遠望이라 하고 해·행·덕을 구족한 까닭으로 총망總望이라 하나니
해解는 곧 문명품[25]이요,
행行은 곧 정행품이요,
덕德은 곧 현수품이다.

---

25 해는 곧 문명품이라고 한 등은, 신信은 해·행·덕의 세 가지에 통하는 까닭으로 따로 경문에 배대한 것이 없다고 『잡화기』는 말한다.

근망近望에 나아간다면이라고 한 것은 오직 십주十住만을 바라보는[26] 까닭으로 근망近望이라 한다.

또한 합당히 별망別望이라고도 이름하나니 앞에 지위를 섭수함을 가져[27] 여기에 종취를 삼는 까닭이다.

지위를 섭수한다고 한 것은 십신이 가득한 마음에 문득 모든 지위를 섭수하지만 지금 여기에서는 오직 십주만을 이루기 위한 것이니, 그런 까닭으로 『인왕경』에는 십신을 전개하지 않고 십주에 섭수하여 있나니, 십신은 능성能成이 되고 십주는 소성이 되는 것이다.

만약 장과인 십분의 종취를 의지한다면이라고 한 아래는 제 두 번째 별과別科를 잡아서 종취를 분별한 것이니,

간략하게 세 가지 뜻이 있다.

첫 번째 수품장분과隨品長分科는 모두 십단이니[28]

---

26 오직 십주十住만을 바라본다고 한 것은 십신은 오직 가까이 십주만 바라본다는 것이다.

27 앞에 지위를 섭수함을 가져라고 한 등은 별망이라 이름하는 까닭을 설출한 것이니, 대개 앞의 종취 가운데에 종과 취를 나누어 설출한 까닭으로 별망이라 하는 것이다. 이상은 다 『잡화기』의 말이다.

28 수품장분과隨品長分科에 십단이 있다고 한 것은 별해문의別解文義 열 가지 가운데 제 여섯 번째에 해당한다. 그 이름만 열거하겠다. 一은 통변교기인연분通辨教起因緣分이고, 二에 현상품 아래는 명불과무애대용분明佛果無礙大用分이고, 三에 비로자나품 아래는 거피왕인증성분擧彼往因證成分이고, 四에 명호품 아래에 삼품三品은 명대용응기보주분明大用應機普周分이고, 五에 문명품 아래로 십지품 말末에 이르기까지는 명제위차별영수분明諸位差別令修分이고,

지금에는 제사단에 해당하는[29] 까닭이다.

두 번째 그런 까닭으로 이것을 또한 정보인과라 이름한다고 한 것은 곧 전후구쇄과前後鉤鎖科[30]로써 또한 제이단에 해당하나니 비로자나품은 이 원인이요,

---

六에 십정품 아래로 수호품 말末에 이르기까지는 명차별인원과만분明差別因圓果滿分이고, 七에 보현행품 아래에 이품二品은 명보행인성현과분明普行因成現果分이고, 八에 이세간품은 명인과초절세간분明因果超絶世間分이고, 九에 입법계품전분入法界品前分은 명대중돈증법계분明大衆頓證法界分이고, 十에 이시문수爾時文殊라고 한 아래는 명일인역위점증분明一人歷位漸證分이다. 『현담』 제팔권 별해문의에 있다.

29 제사단에 해당하는 것이라고 한 것은 『잡화기』에 곧 제 네 번째 대용응기보주분이니, 이 가운데 따로 과목한 이름은 황자권荒字卷 84장 이하를 보라고 하였다.

30 전후구쇄과前後鉤鎖科라고 한 것은 역시 열 가지가 있나니 一에 제일회는 의보인과依報因果이고, 二에 비로자나품과 이회초삼품二會初三品은 정보인과正報因果이니 전인후과前因後果이다. 三에 명호품으로 보살주처품에 이르기까지는 의기인과依起因果이고, 四에 문명품으로 수호품에 이르기까지는 차별인과差別因果이고, 五에 부사의품 아래로 보현행품에 이르기까지는 원융인과圓融因果이고, 六에 보현행품과 출현품은 평등인과平等因果이니 전인후과前因後果이다. 七에 출현품과 이세간품은 출현인과出現因果이니 전과후인前果後因이다. 八에 이세간품은 성행인과成行因果이니 행을 통변通辨한 까닭으로 인과를 구족한 까닭이다. 九에 이세간품과 입법계품은 법계인과法界因果이니 전인후과前因後果이다. 十에 입법계일품入法界一品은 증입인과證入因果이니 선인후과先因後果이다. 『현담』 제팔권 별해문의 제오에 해당한다.

전후구쇄과의 一에 앞은 의보과依報果이고, 二에 비로자나품은 인因이고, 三은 전과후인前果後因이고, 四는 전인후과前因後果이고, 五는 전과후인前果後因이다.

이 삼품은 과보가 되는 까닭이다.

세 번째 또한 소신인과라고 한 것은 현수 법사가 앞을 향하여 또한 이 삼품을 가져 소신인과 가운데 정보과에 배속한 까닭이니, 아래 소문(疏)에서 가리킨 것과 같아서[31] 또한 사분四分 가운데 제일분[32]에 속하는 까닭이다.

또한(亦)이라고 말한 것은 두 가지 뜻이 있나니[33]

첫 번째는 금과今科를 상대함에 제이분[34]에 속하는 까닭이요

두 번째는 수기본회과隨其本會科[35]를 상대함에 이름이 능신성덕회能

---

31 아래 소문에서 가리킨 것과 같다고 한 것은, 『잡화기』에 말하기를 이 위에 제 세 번째 종취의 소문에 옛날에 제덕들이라고 말한 것이 이것이니, 이 초문이 이 전단의 소문을 해석하는 까닭으로 이 소문을 가리켜 아래라 말한 것이다 하였다. 영인본 화엄 4책, p.325, 3행이다.

32 제일분은 과보를 들어 즐거움을 권하여 믿음을 내게 하는 분이다.

33 또한이라고 말한 것은 두 가지 뜻이 있다고 한 것은 소문 가운데 아래 역亦자이니, 만약 위에 역亦 자인즉 다만 금과今科의 한 가지 뜻만 상대하고 있는 까닭이라고 『잡화기』는 말한다. 아래 역 자란 영인본 화엄 4책, p.324, 9행 역시라 한 역亦이다.

34 제이분은 원인을 닦아 과보에 계합하여 지해를 내게 하는 분이다.

35 수기본회과隨其本會科라고 한 것은 또한 십분十分이 있나니 一에 초회는 거과영신분擧果令信分이고, 二에 제이회는 능신성덕분能信成德分이고, 三에 제삼회는 초현십신분初賢十信分이고, 四에 제사회는 중현십행분中賢十行分이고, 五에 제오회는 상현십향분上賢十向分이고, 六에 제육회는 성위십지분聖位十地分이고, 七에 제칠회는 인원과만분因圓果滿分이고, 八에 제팔회는 보현대행분普賢大行分이고, 九에 제구회는 초행성증입분初行成證入分이고, 十에 선재라고 한 아래는 선우교증분善友敎證分이다. 별해문의 제칠에 해당한다.

信成德會[36]니
지금에는 소신인과도 되기에 그런 까닭으로 말하기를 또한(亦)이라 한 것이다.

疏

第四는 問答이니 問이라 五周因果에 差別平等이 不同거늘 何以分名을 合之爲一고 答이라 通生差別과 平等解故며 離於修生하야 說何修顯故리요 問이라 前會擧果는 本爲生信이어니와 今何重擧名號等三고 答이라 凡約境生信이 有其二義하니 一은 標擧境法하야 明有所在요 二는 攝以就心하야 令成信行이니 前會는 約初義요 此會는 約後義라

제 네 번째는 묻고 답하는 것이니
묻겠다.
오주인과五周因果에 차별인과와 평등인과가 같지 않거늘 무슨 까닭으로 분分의 이름을 합하여 하나로 하는가
답하겠다.
차별과 평등의 지해知解를 모두 출생하는 까닭이며, 수생修生을 떠나 무슨 수현修顯[37]을 설하는 까닭[38]이겠는가.

---

36 덕회德會라 한 회會 자는 分이라 할 것이다. 그러나 회라고 하여도 무방하나니 한 회가 이 한 분(一分)인 까닭이라고 『잡화기』는 말하고 있다.
37 수생修生은 차회此會로부터 제육회까지이고, 수현修顯은 제칠회이다.

묻겠다.
앞의 제일회에 과보를 들어 즐거움을 권하여 믿음을 내게 하는 분은 근본이 믿음을 내게 하기 위함이거니와 지금에는 무슨 까닭으로 거듭 명호품 등 삼품三品을 거론하는가.
답하겠다.
무릇 경계를 잡아 믿음을 내는 것이 그 두 가지 뜻이 있나니
첫 번째는 경법境法을 표거標擧하여 있는 곳을 밝히는 것이요
두 번째는 취심就心[39]을 섭수하여 하여금 신행信行을 이루게 하는 것이니
앞의 제일회는 처음의 뜻을 잡은 것이요,
여기 제이회는 뒤의 뜻을 잡은 것이다.

鈔

問前會擧果下는 此通繁重難이니 先問後答이라 答中二니 先約義通이니 爲意別故로 所以重擧라

묻겠다. 앞의 제일회에 과보를 들어 즐거움을 권하여 믿음을 내게 하는 분이라고 한 아래는 이것은 번잡하게 거듭 물어 비난함을 통석한 것이니

38 고故 자는 소본에는 없다.

39 취심就心이란, 一에 경법을 상대하면 경계에 나아가는 마음(就心)이니 육근이요, 一에 경법은 육경이다.

먼저는 묻고 뒤에는 답한 것이다.
답한 가운데 두 가지가 있나니
먼저는 뜻을 잡아 통석한 것이니,
뜻이 다른 까닭으로 거듭 거론한 바이다.

疏

又前會는 果廣因略일새 故名擧果요 此會는 因廣果略일새 故總攝爲因이라 先依後正은 文影略耳니라

또 앞의 제일회는 과문果文이 넓고 인문因文이 협략挾略하기에 그런 까닭으로 거과擧果라 이름하였고,
여기 제이회는 인문因文이 넓고 과문果文이 협략하기에 그런 까닭으로 모두 섭수하여 수인修因이라 하였다.
먼저는 의보이고 뒤에는 정보인 것은 문장이 그윽이 생략되었다.[40]

鈔

又前會果廣下는 約文以答이니 以少從多故라 前會果多일새 名擧果分이요 此下는 因廣일새 分名修因이니 雖擧此會나 正酬向來에 約分

40 그윽이 생략되었다고 한 것은, 『잡화기』에 말하기를 혹 먼저 의보와 뒤에 정보로써 여기에 번잡하게 거듭 비난한 것을 통석한 것이라고 할까 염려한 까닭으로 그렇게 말한 것이니, 이미 그윽이 생략되었다고 하였다면 의보와 정보가 함께 선후에 통하는 것이다 하였다.

名難일새 故云因廣이라하니라 然取當會인댄 因果가 皆各三品이니 因果似齊나 而因文亦廣이라

또 앞의 제일회는 과문이 넓고 인문이 협략하다고 한 아래는 문장을 잡아 답한 것이니
적은 것으로써 많은 것을 좇은 까닭이다.
앞의 제일회는 과문이 많기에 과보를 들어 즐거움을 권하여 믿음을 내게 하는 분이라 이름하였고,
이 아래는 인문이 넓기에 분分을 원인을 닦아 과보에 계합하여 지해를 내게 하는 분이라 이름하였으니,
비록 이 회를 거론하였으나 그러나 향래에 분의 이름을[41] 잡아 비난함

---

41 향래에 분의 이름이라 운운한 것은, 이 위에 두 가지 질문이 함께 이 분의 이름을 잡아 비난한 것이어늘 지금에는 제 두 번째 질문만 가리킨 것이니, 묻는 뜻에 말하기를 전분(거과권락생신분)에서 과를 거론하였거늘 금분(수인계과생해분)에 어떻게 거듭 과를 거론하는가 하니, 곧 이것은 분의 이름을 잡아 비난한 것이다. 어떤 사람의 뜻에 말하기를 비난하는 가운데 이미 분의 이름을 잡았다면 곧 지금 여기에 문장을 잡아 답하는 가운데 앞의 제일회(영인본 화엄 4책, p.327, 6행)라고 운운한 말은 회가 곧 이 분이라고 비난한 바에 어김이 없거니와, 여기 제이회(역시 4책, p.327, 6행)라고 운운한 말은 회는 국한하고 분은 통하는 것이라고 비난한 바에 이미 분을 잡았거늘 답한 바에 어찌 회를 거론하는가. 답한 바가 비난한 바와 다르다 할까 염려하기에 그런 까닭으로 여기에 말하기를 비록 이 회를 거론하였으나 한 등이니, 이미 인문이 넓다고 말하였다면 곧 분의 이름을 잡지 아니한 것은 무슨 뜻인가. 약분명란'이라' 吐라 하였다. 이상은 『잡화기』의 말이다. 나는 분명란 '일새' 吐를 달았다.

을 바로 답하였기에 그런 까닭으로 말하기를 인문이 넓다 하였다. 그러나 당회堂會를 취한다면[42] 인과가 다 각각 삼품三品이니 인문因文과 과문果文이 같은 것 같지만 인문이 역시 넓다 하겠다.

疏

若約鉤鎖者인댄 自屬正報果故로 不同第七會에 說所成果니 此中엔 自辯信所依故니라

만약 구쇄과를 잡는다면 스스로 이 회는 정보과에 속하는 까닭으로 제칠회에 소성과所成果를 설한 것과는 같지 않나니,
이 회 가운데는 스스로 믿음의 소의를 분별한 까닭이다.

鈔

若約鉤鎖者는 此當第三에 依起因果니 是所依果故라 不同第七說所成者는 所成은 自屬第四에 差別因果故라

만약 구쇄과를 잡는다면이라고 한 것은 이 회는 제 세 번째 의기인과依起因果에 해당하나니[43]

---

42 그러나 당회堂會를 취한다면이라고 한 등은, 『잡화기』에 말하기를 이 위에는 일문 가운데 육회를 잡아 과문이 넓고 인문이 협략함을 논하였고, 여기는 오직 제이회 가운데 나아가 또한 인문이 넓고 과문이 협략함이 있음을 밝힌 것이다 하였다.

이것은 소의과所依果인 까닭이다.
제칠회에 소성과를 설한 것과는 같지 않다고 한 것은 이 회에 소성所成은 스스로 제 네 번째[44] 차별인과에 속하는 까닭이다.

疏

問이라 何不入定고 以未入位하야 性不定故라 若爾十定을 豈散善耶아 然이나 說法之儀가 通有四句하니 一은 定後說이니 如諸會요 二는 說後定이니 如無量義經等이요 三은 定中說이니 如第九會하야 無出言故요 四는 不入說이니 如此信中과 及第七會하야 諸文非一이라

묻겠다.
어찌하여 삼매에 들어가지 않았는가.

---

43 이 회는 제 세 번째 의기인과依起因果에 해당한다고 한 등은 이 명호품 등 삼품이 앞을 향하여서는 정보 가운데 과보(영인본 화엄 4책, p.324, 9행, 고본은 서자권 署字卷 2장 하, 9행)가 되고, 뒤를 향하여서는 의기인과 가운데 과보(영인본 화엄 4책, p.328, 4행, 고본은 서자권 4장 하, 4행)가 되기에 소문은 명호품으로부터 보살주처품에 이르기까지는 의기인과라 이름하나니, 본유本有를 의지하여 닦아 생기하는 까닭으로 앞은 과보이고 뒤에는 원인이며, 문명품으로부터 수호공덕품에 이르기까지는 차별인과라 이름하나니, 앞은 원인이고 뒤에는 과보이니 황자권荒字卷 90장을 볼 것이다. 이상은 역시 『잡화기』의 말이다. 제 세 번째라고 한 것은 구쇄과 열 가지 가운데 제 세 번째이다.

44 제 네 번째란, 구쇄과 가운데 제 네 번째이다.

아직 지위에 들어가지 아니하여 성품이 일정하지 않는 까닭이다.
만약 그렇다면 십정十定을 어찌하여 산선散善[45]이라 하는가.
그러나 설법하는 의식이 모두 네 구절이 있나니
첫 번째는 삼매에 든 이후에 설법하는 것이니 모든 회와 같은 것이요
두 번째는 설법한 뒤에 삼매에 드는 것이니 『무량의경』 등과 같은 것이요
세 번째는 삼매 가운데서 설한 것이니 제구회와 같아서 삼매에서 나왔다는 말이 없는 까닭이요
네 번째는 삼매에 들지 않고 설한 것이니 이 회의 믿음 가운데와 그리고 제칠회와 같아서 여러 가지 문장이 하나가 아니다.[46]

鈔

以未入位下는 答此上問이라 文有五段하니 一者는 正答이니 猶如輕毛하야 未能得入正定聚故라 二에 說後定者는 卽法華經云호대 爲諸菩薩하야 說大乘經하시니 名無量義라 教菩薩法이며 佛所護念이라 說是經已하시고 結跏趺坐하야 入於無量義處三昧하사 身心不動이라하니 是也니라 若出其意인댄 無量義者는 是出生義니 故彼經云호대 無量者는 從一法生이니 其一法者는 所謂無相이라하니 法華는 卽

45 산선散善이라고 한 것은 산란심으로 닦는 선근이니 관무량수경 십육관十六觀 가운데 앞에 십삼관은 정선定善이고, 뒤에 삼관은 산선散善이다. 정선이라고 한 것은 정심定心으로 닦는 선근이다.

46 여러 가지 문장이 하나가 아니라고 한 것은 입정설入定說만 있고 출정설出定說이 없는 것이 그 문장이 하나가 아니라는 것이다.

是收入之義라 故彼經云호대 究竟至於一切智地라하며 世尊法久後에사 要當說眞實이라하니 今欲收入하야 先辯出生이라 若知三乘萬化가 從實相生인댄 究竟還歸一實相故며 欲爲法華序故로 說無量義하시고 便入此定하니라

아직 지위에 들어가지 아니하였다고 한 아래는 이 위에 물음을 답한 것이다.

문장에 다섯 가지가 있나니

첫 번째는 바로 답한 것이니 비유하자면 가벼운 털과 같아서 아직 능히 정삼매(正定聚)에 들어가지 아니한 까닭이다.

두 번째 설법한 뒤에 삼매에 드는 것이라고 한 것은 곧 『법화경』에 말하기를 모든 보살을 위하여 대승경을 설하나니 이름이 『무량의경』이다.

보살을 가르치는 법이며,

부처님이 보호하고 염려하시는 바이다.

이 경을 설하여 마치시고 결과부좌를 하여 무량의처 삼매에 들어가 몸과 마음이 움직이지 않았다 하였으니 이것이다.

만약 그 뜻을 설출한다면 무량의無量義라고 한 것은 이는 출생의 뜻이니,

그런 까닭으로 저 경에 말하기를 무량無量이라고 한 것은 한 법으로 좇아 출생하나니 그 한 법이라고 한 것은 말하자면 무상無相이다 하였으니

『법화경』의 뜻은 곧 이에 거두어들이는 뜻이다.

그런 까닭으로 저 『법화경』에 말하기를 구경에 일체 지혜의 땅에 이른다 하였으며,
세존께서 법이 오래된 뒤에야 마땅히 진실을 설하기를 요망한다 하였으니,
지금에는 거두어들이고자 하여 먼저 출생을 분별한 것이다.
만약 삼승三乘의 만화萬化가 실상을 좇아 출생하는 줄 알면 구경에 도리어 하나의 실상에 돌아가는 까닭이며
법화의 서요序要를 삼고자 하기 위한 까닭으로 무량의를 설하시고 문득 이 삼매에 들어가신 것이다.

疏

第九는 表證이니 唯證能說이라 一得永常하야 不礙起用故라 第七은 爲表常在定故라 又入爲受加나 彼不須加일새 故不須入이라 說後入者는 說在行故며 將起後故라

제구회[47]는 증득함을 표한 것이니 오직 증득한 사람이라야 능히 설법하는 것이다.
한번 증득함에 영원히 항상하여 작용을 일으킴에 걸림이 없는 까닭이다.
제칠회[48]는 항상 삼매 속에 있음을 표한 까닭이다.

47 제구회는 설법하는 의식 가운데 제 세 번째이다.
48 제칠회는 설법하는 의식 가운데 제 네 번째이다.

또 삼매에 들어가야[49] 가피를 받는 것이지만 저 부처님이 가피함을 구하지 않기에 그런 까닭으로 삼매에 들어감도 구하지 않는다.
설법한 뒤에 삼매에 들어가는[50] 것은 설법하는 것이 수행에 있는[51] 까닭이며,
장차 뒤에 설법을 일으키려는 까닭이다.[52]

鈔

第九表證下는 出四句所以라 其第一에 定後說은 諸會廣說일새 故不釋之하고 但解後三이니 初解第三이라 二에 第七爲表下는 解第四라 第四에 有二會가 不入定하니 第二不入은 前已解竟일새 唯解第七이라 說後入下는 通第二義니 入卽修行이라 上引無量義經은 乃是別意나 而有等言하야 等取此中에 諸經通意니 今現通意니라

제구회는 증득함을 표한 것이라고 한 아래는 사구의 까닭을 설출한 것이다

---

49 또 삼매에 들어가야 운운한 것은 현재 삼매 속에 있음을 표한 것이다.

50 설법한 뒤에 삼매에 들어간다고 한 것은 설법하는 의식 가운데 제 두 번째 뜻이다.

51 설법하는 것이 수행에 있다고 한 등은 경을 설하는 것이 그 뜻이 수행에 있음을 말하는 것이다.

52 장차 뒤에 설법을 일으키려는 까닭이라고 한 것은, 바로 앞에 설법한 뒤에 삼매에 들어간다고 말한 것은 장차 삼매에서 일어나 또 뒤에 법을 설하려는 까닭이다. 이상은 다 『잡화기』의 말이다.

그 제일에 삼매에 든 이후에 설법한다고 한 것은 모든 회에서 폭넓게 설하였기에 그런 까닭으로 해석하지 않고 다만 뒤에 삼구三句만 해석하였으니
첫 번째는 제삼구를 해석한 것이다.
두 번째 제칠회는 항상 삼매 속에 있음을 표한 까닭이라고 한 아래는 제사구를 해석한 것이다.
제사구에 두 회[53]가 삼매에 들지 아니함이 있나니 제이회에서 들지 아니한 것은 앞에서 이미 해석하여 마쳤기에[54] 오직 제칠회만 해석하였다.

설법한 뒤에 삼매에 들어간다고 한 아래는 제 두 번 구절의 뜻을 통석한 것이니 삼매에 들어가는 것이 곧 수행이다.
위에서 『무량의경』을 인용한 것은 이에 별의別意이지만 등等[55]이라는 말이 있어서 이 가운데 모든 경에 통의通意를 등취하나니, 지금에는 통의를 나타낸 것이다.

疏

是知하라 動寂唯物이니 聖無常規라 故下文中에 辯十信之用하대

53 두 회는 차회此會와 제칠회이다.

54 앞에서 이미 해석하여 마쳤다고 한 것은 영인본 화엄 4책, p.328, 6행이다.

55 별의別意라고 한 것은 다만 『무량의경』의 뜻이라는 것이다. 등等이라고 한 것은 앞의 제이第二에 여무량의경등如無量義經等이라 한 등等 자이다.

一方入正定에 餘方起出說이라하니 自在無礙也라 餘會는 摩頂後說하고 此會는 說後摩頂하니 是知하라 此經은 體勢縱橫을 不可定準이라

이에 알아라.
움직이고 고요한 것이 오직 한 물건이니 성인은 영원한 규정이 없다.[56]
그런 까닭으로 하문下文 가운데 십신의 작용을 분별하되 한 방소에서 정삼매正三昧에 들어감에[57] 나머지 방소에서[58] 삼매에서 일어 나와 설법한다 하였으니
자재하여 걸림이 없다는 뜻이다.
나머지 회는 이마를 만진 뒤에 설법하고 이 회에서는 설법한 뒤에 이마를 만지나니 이에 알아라.
이 경은 문세의 종횡을 가히 결정하여 기준할 수 없는 것이다.

---

56 성인은 영원한 규정이 없다고 한 것은 성인은 삼매(定)에 들어가고 들어가지 아니함을 규정할 수 없다는 것이다.

57 한 방소에서 정삼매正三昧에 들어간다고 한 등은 예를 들면 동방에서 삼매에 들면 서방 등 나머지 방소에서 삼매에서 나와 설법한다는 것이다.

58 나머지 방소라 한 등은 소본에는 곧 나머지 방소라 한 방方 자 아래에 동同자가 있고 그 아래 설법한다고 한 설說 자 아래에 신정산信定散이라는 세 글자가 더 있다고 『잡화기』는 말한다. 바로 아래 초문에 기소설신旣所說信이 정산자재定散自在라 하였다.

鈔

是知動下는 第五에 結其深玄이라 故下文中下는 示十信相이니 既所說信이 定散自在하면 明知하라 能說이 入出難思니라 餘會摩頂下는 更示異門하야 令無局執케하니라

이에 알아라. 움직이고 고요한 것이 오직 한 물건이라고 한 아래는 제 다섯 번째 그 깊고도 현묘함을 맺는 것이다.

그런 까닭으로 하문 가운데라고 한 아래는 십신의 모습을 보인 것이니,
이미 소설所說의 믿음[59]이 고요(定)하고 산란(散)한 것이 자재하다면 분명히 알아라. 능설能說하는 이가 삼매에 들어가고, 나오는 것도 사의하기가 어려운 것이다.

나머지 회는 이마를 만진 뒤에 설법하였다고 한 아래는 다시 다른 문을 시현하여 하여금 국집하지 않게 하는 것이다.

59 소설所說의 믿음이라고 한 것은 곧 십신의 모습이다.

經

爾時에 世尊이 在摩竭提國에 阿蘭若法의 菩提場中하사

그때에 세존이 마갈제 나라 아란야법 보리도량 가운데 계시어

疏

第五는 釋文이라 若隨義約品科인댄 十分之中에 此下三品은 當果用應機普周分이요 若約隨法就會科인댄 十分之中에 此一會는 當第二能信成德會라 今就四番問答科인댄 從此終第七會는 卽當第二修因契果生解分이라 若順諸會인댄 應直分問答이나 今爲順文하야 一會分三하니 第一은 序分이요 第二는 請分이요 第三은 說分이라

제 다섯 번째는 경문을 해석하는 것이다.
만약 뜻을 따라 품을 잡은 과목(隨義約品科)이라면 십분十分[60] 가운데 이 아래 삼품은 제 네 번째 과보의 작용이 근기에 응하여 널리 두루하는 분(果用應機普周分)에 해당하고,
만약 법을 따라 회에 나아가는 과목(隨法就會科)을 잡는다면 십분十分[61] 가운데 이 한 회는 제 두 번째 능히 믿어 공덕을 이루는 회(能信成德

---

60 십분十分이라고 한 것은 즉 六에 수품장분과隨品長分科의 십분十分이다.
61 여기 십분十分이라고 한 것은 七에 수기본회과隨其本會科의 십분十分이다.

會)에 해당한다.

지금에 네 번째 문답이 상속하는 과목(問答相續科)에 나아간다면 이 회로 좇아 제칠회에 마치기까지는 곧 제 두 번째 원인을 닦아 과보에 계합하여 지해를 내게 하는 분(修因契果生解分)에 해당한다.

만약 모든 회를 따른다면 응당 바로 문問·답答을 나눌 것이지만 지금에는 경문을 따라 한 회에 삼분三分으로 나누었으니

첫 번째는 서분序分이요

두 번째는 청분請分이요

세 번째는 설분說分이다.

鈔

若順諸會者는 以六會로 共答此中問故라 第一에 序分은 唯屬此會니 爲加序分이 名爲順文이라

만약 모든 회를 따른다면이라고 한 것은 육회六會로써 이 회 가운데 질문한 것을 함께 답하는 까닭이다.

첫 번째 서분은 오직 이 회에만 속하나니,

서분을 더한 것이 이름이 경문을 따르는 것이 되는 것이다.

疏

今先序分은 具如經初니 但加普光이 以爲小異라 略分爲三하리니 初는 標主時處요 二에 始成下는 別顯三事요 三에 與十佛下는 輔

翼圓滿이라

지금에 먼저 서분이라고 한 것은 경 초에 갖추어 설한 것과 같나니 다만 보광명전普光明殿을 더한 것이 조금 다를 뿐이다.
간략하게 나누어 세 가지로 하리니
처음에는 설주와 시간과 처소를 한꺼번에 표한 것이요
두 번째 처음 정각을 이루셨다고 한 아래는 삼사三事[62]를 따로 나타낸 것이요
세 번째 열 부처님[63]의 국토에 작은 티끌 수만치 많은 모든 보살로 더불어 함께 하였다고 한 아래는 보익輔翼보살[64]이 원만한 것이다.

62 삼사三事라고 한 것은 설주와 시간과 처소이다.

63 열 부처님 운운은 영인본 화엄 4책, p.339, 3행이다.

64 보익보살輔翼菩薩은 곧 보처보살補處菩薩이다.

經

始成正覺하시고

처음 정각을 이루시고

疏

二中分三하리니 初는 別顯說時라

두 번째 삼사를 따로 나타내는 가운데 세 가지로 분류하리니 처음에는 설하는 시간을 따로 나타낸 것이다.

經

於普光明殿에 坐蓮華藏師子之座하시니

저 보광명전에 연꽃으로 갈무리한 사자의 자리에 앉으시니

疏

二에 於普光下는 別顯說處라 處在菩提場東南可三里許의 熙連河曲하나니 彼河之龍이 爲佛造此니라 今擧總攝別일새 前標國名하고 以本收末일새 上擧場稱하니 故下不動覺樹하고 而遍十方이라하니라

두 번째 보광명전이라고 한 아래는 설하는 처소를 따로 나타낸 것이다.
이 처소는 보리도량 동남쪽쯤[65] 삼 리三里가량의 희연 하곡河曲에 있나니, 저 하곡의 용이 부처님을 위하여 이 보광명전을 지었다. 지금에는 총總을 들어 별別을 섭수하기에 앞에서 나라의 이름[66]을 표하였고, 근본으로써 지말을 섭수하기에[67] 위해서 도량의 이름[68]을

---

65 가可는 쯤 가 자이다.

66 나라의 이름은 마갈제국이다.

67 근본으로써 지말을 섭수한다고 한 것은 보리장의 근본회로써 이 보광당의 지말회를 섭수하는 것을 말하는 것이다. 아래 예를 기준한다면 이 가운데도 응당 보리수에서 일어나지 않고라는 말이 있어야 할 것이지만 서로 인접하여

들었으니 그런 까닭으로 아래에 보리수에서 움직이지 않고 시방에 두루한다 하였다.

鈔

處在菩提下는 賢首云호대 相傳說云호대 以龍見如來가 初成正覺하고 樹下露坐할새 故爲佛造라하니라 若西域記說인댄 菩提樹南門外에 有大龍池하니 帝釋이 獻方石하야 在此池하며 池東林中에 有目眞隣陀龍王池하니 其水淸黑하고 其味甘美하며 龍池西岸에 有小精舍하니 中作佛像이라 往昔如來가 初成正覺하시고 於此宴坐하사 入定七日하시니 時此龍王이 警衛如來하야 卽以其身으로 繞佛七匝하고 化出多頭하야 俯垂爲蓋일새 故池東岸에 有其室焉이라하니라 釋曰若取龍造인댄 正當於此니 雖不言造堂이나 龍旣警衛인댄 不妨後造니 當向卽東南이라 又云菩提樹東에 有精舍하니 高六百七十尺이요 下基面闊이 二十餘步라 疊以青塼하고 塗以石灰하며 層龕에 皆有金像하고 四壁에 鏤作奇製호대 或連珠相하며 或天像焉하니라 上置金銅阿摩勒迦果寶甁하고 東面接爲重閣하며 簷宇特起三層하고 榱柱棟梁과 戶扉窓牖는 金銀雕鏤以飾之하며 珠玉廁錯以塡之하고 奧室邃宇는 洞戶三重이며 外門左右에 各有龕室호대 左則觀自在菩薩像이요 右則慈氏菩薩像이니 白銀鑄成하야 高十餘尺이라 精舍故地는

있는 까닭으로 앞을 연대할 틈이 없는 것이니, 『회현기』 四의 一권 상단을 볼 것이라고 『잡화기』는 말하고 있다.

68 도량의 이름은 보리장이다.

昔無憂王이 建小精舍하고 後有婆羅門하야 建大精舍하니 卽雪山에 見大自在天에 天令置也라하니라 釋曰此義亦當이나 若取普光堂義인댄 却當樹西니라 西域記云호대 菩提樹西不遠한 大精舍中에 有鍮石佛像호대 飾以奇珍하야 東面而立하며 前有青石호대 奇紋異彩라 是昔如來가 初成正覺에 梵王建七寶堂하고 帝釋建七寶座한대 佛於其上에 七日思惟하고 放異光明하야 照菩提樹러니 去聖逾遠하야 寶變爲石이라하니라 釋曰此爲普光法堂이 定矣나 但從古傳云호대 是東耳니라 若東西二三里인댄 卽是盲龍之室이니 非是龍造이라 去聖時遙하야 傳記不同일새 故略出三處異니 更審之니라

이 처소는 보리도량 동남쪽쯤 삼 리가량의 희연 하곡에 있다고 한 아래는 현수 법사가 말하기를 『상전相傳』에 설하여[69] 말하기를 용이 여래가 처음 정각을 이루시고 보리수 아래에 나타나 앉으심을 보았기에 그런 까닭으로 부처님을 위하여 이 보광명전을 지었다 하였다.

만약 『서역기』에[70] 설한 것이라면 보리수 남쪽문 밖에 큰 용지龍池가

---

69 『상전』에 설하였다고 한 등은, 『잡화기』에 말하기를 다음 한 줄 뒤에 『서역기』 가운데 첫 번째 인용한 것으로 더불어 같지만(상전의 말이 같다), 다만 동서라는 말이 없을 뿐이다 하였다. 『상전』이란 전하여 오는 말이다.

70 만약 『서역기』에 설한 것이라면이라고 한 등은 세 가지 인용한 가운데 첫 번째 인용한 것이니, 이 소문 가운데(다섯 줄 앞 소문이다) 인용한 바이다. 이미 보리수 남쪽이라 말하고 또 용지 동쪽이라 말하였으니, 이로써 동남쪽이라 하는 것이다. 그런 까닭으로 아래 말하기를 마땅히 그 방향은 곧 동남향이다(일곱 줄 뒤에 10행이니 영인본 화엄 4책, p.333, 10행) 하였다. 제 두 번째

있나니 제석이 모난 돌을 헌납하여 이 용지에 두었으며,
용지 동쪽 숲 가운데 목진린타 용왕의 못이 있나니 그 못의 물이 맑되 검고 그 물맛이 감로 맛이며
용지의 서쪽 언덕에 작은 정사精舍가 있나니 그 가운데서 불상을 제작하였다.
지나간 옛날에 여래가 처음 정각을 이루시고 이곳에 편안히 앉아 삼매에 칠일 동안 들어가시니,
그때에 이 용왕이 여래를 경위하여 곧 그 용의 몸으로 부처님을 일곱 바퀴를 돌고 수많은 머리를 변화하여 내어 숙이고 일산처럼 하였기에 그런 까닭으로 못의 동쪽 언덕에 그 용의 집이 있다 하였다.
해석하여 말하면 만약 용이 지었다고 하는 말을 취한다면 바로 여기에 해당하나니,
비록 집을 지었다는 말은 없지만 용왕이 이미 경위하였다고 한다면 뒤에 집을 지었다고 하여도 방해롭지 않나니 마땅히 그 방향은 곧 동남향이다.
또 말하기를 보리수 동쪽에 정사精舍가 있나니 높이가 육백칠십

인용한 것(일곱 줄 뒤에 10행이니 영인본 화엄 4책, p.333, 10행)에는 곧 이미 보리수 동쪽이라 하니, 비록 옛날에 전한 뜻에 해당하지만 만약 보광당을 취한다면 도리어 보리수 서쪽에 해당한다. 그런 까닭으로 취하지 않는다. 제 세 번째 인용한 것(영인본 화엄 4책, p.334, 10행)은 곧 보광당이 정설이지만 다만 옛날에 전한 뜻에 어기나니, 옛날에 전한 것을 좇는 사람들이 다 말하기를 보광당이 보리수 동쪽에 있는 까닭이라 하니 그런 까닭으로 또한 취하지 않는 것이다. 역시 다 『잡화기』의 말이다.

척이고, 아래 기초면적 넓이가 이십여 걸음이다.
푸른 벽돌로 쌓았고 석회로 발랐으며,
층층에 감실마다 다 황금불상이 있고, 사방 벽에는 형상을 아로새겨[71] 만들기를 기묘하게 만들되
혹은 연이은 구슬 형상으로 하였으며,
혹은 천마 형상으로 하였다.
위로는 금동으로 된 아마륵가 열매의 보배 병을 두었고, 동쪽 면으로는 연이어 중각重閣이 만들어져 있으며
집의 처마[72]는 특이하게 삼층으로 되어 있고, 서까래[73]와 기둥과 들보[74]와 문짝[75]과 창들은 금과 은으로 조각하여 아로 새겨 꾸며져 있으며
진주 옥으로 사이사이에 섞어[76] 메워져 있고
깊숙이 있는[77] 내실과 깊숙이 있는 당우는 통하는 문이 삼중으로 되어 있으며
바깥문 좌우에는 각각 감실이 있으되 좌측은 관자재 보살상이 있고, 우측은 자씨미륵보살상이 있나니 백은으로 주조하여 높이가 십여

---

71 鏤는 아로새길 루 자이다.

72 簷은 처마 첨 자이다.

73 榱는 서까래 최 자이다.

74 동량棟梁은 보통 들보라 하지만 엄격히는 동棟은 들보이고, 양梁은 상량보이다.

75 호비戶扉는 문짝을 말한다. 扉는 사립문 비 자이다. 사립문이라고도 하나 여기서는 문짝을 말한다.

76 厠은 섞을 측 자이다.

77 수우邃宇는 깊숙한 집을 말한다.

척이었다.

정사의 본래 땅은 옛날에 무우왕이 조그마한 정사를 건립하였고, 그 뒤에 바라문이 있어 큰 정사를 건립하였으니 곧 설산에서[78] 대자재천을 봄에 대자재천[79]이 바라문으로 하여금 정사를 설치하게 하였다고 하였다.

해석하여 말하면 이 뜻도 또한 여기에 해당하지만, 만약 보광당의 뜻을 취한다면 도리어 보리수 서쪽에 해당하는 것이다.

『서역기』에 말하기를 보리수 서쪽에서 멀지 않는 큰 정사 가운데 주석으로 만든 불상이 있으되 신기한 보배로 꾸며져 동쪽에 서 있으며,

그 앞에 청석이 있으되 신기한 문채와 기이한 색채의 돌이다.

이것은 옛날에 여래가 처음 정각을 이룸에 범왕이 칠보로 된 당우를 건립하고 제석이 칠보로 된 자리를 건립한데, 부처님이 그 위에 칠일 동안 사유하고 기이한 광명을 놓아 보리수를 비추더니, 성인이 가신 지가 멀어서 보배가 변하여 돌이 되었다 하였다.

해석하여 말하면 이것은 보광법당이 정설이지만 다만 옛날에 전한 것(古傳)을 좇아서 말하기를 보리수 동쪽이라 하였을 뿐이다.

만약 동·서[80] 이삼 리里라면 곧 눈먼 용의 집이니 이 보광명전을

---

78 설산 운운은 『잡화기』에 설산"에" 자재천 "한대" 吐라 하나 나는 설산"에서" 대자재천"에" 吐로 보았다. 혹자는 설산견대자재천이라는 일곱 글자가 다 이름이라 말하나 그렇지 않을까 염려한다고 『잡화기』는 말한다.

79 천天 자 아래에 천天 자가 하나 더 있는 것이 좋다.

80 만약 동서 이삼 리라면이라고 한 등은 대개 동서 이삼 리에는 이 눈먼 용의

지은 것이 아니다.

성인이 가신 때가 멀어서 전기傳記가 같지 않기에 그런 까닭으로 세 가지 설처가 다름[81]을 간략하게 설출하였으니 다시 살펴볼 것이다.

집이 있거늘, 혹자가 이것으로써 용이 이 보광전을 지은 것이다 한 까닭으로 여기에 그 용이 지은 것이 아니라고 가리는 것이니, 이것은 위에 인용한 바 가운데 뜻이 아니다. 이것은 이미 인용한 적이 없는 까닭으로 다만 맺어 말하기를 세 가지 설처가 다름을 간략하게 설출하였다(다음 줄에 있다)고 하였다.

81 원문에 이異 자는 타본에 기冀 자로 된 곳도 있나니 기冀 자라고 한다면 삼처三處"하니" 토吐를 달고 기갱심지冀更審之라 할 것이다.

經

妙悟皆滿하며 二行永絶하며 達無相法하며 住於佛住하며 得佛平等하며 到無障處하며 不可轉法하며 所行無礙하며 立不思議하며 普見三世하사

묘한 깨달음이 다 원만하며
두 가지 행[82]이 영원히 끊어지며
모습 없는 법을 통달하며
부처님이 머무는 곳에 머물며
부처님의 평등을 얻으며
걸림 없는 곳에 이르며
가히 굴릴 수 없는 법을 굴리며
행하는 바가 걸림이 없으며
사의할 수 없는 법을 세우며
널리 삼세를 보아

疏

三에 妙悟下는 別顯主德이니 亦卽示成正覺之相也라 準第八會初와 及深密經等인댄 皆說佛有二十一種功德하니 升兜率品에 當廣明之하리라 今文에 有初十句하니 亦略釋耳니라 十句之中에

82 두 가지 행은 아래 소문에 있다.

初總餘別이라 總中에 妙悟皆滿者는 妙悟는 晉經에 名善覺이라하고 論經엔 名正覺이라하니 良以梵音云호대 蘇는 含於妙善과 及正等故로 譯者隨取라 悟는 卽覺也니 雙照眞俗일새 故稱妙悟요 備下諸句하야 異於因人일새 故復稱滿이라

세 번째 묘한 깨달음이라고 한 아래는 부처님의 공덕(主德)을 따로 나타낸 것이니
또한 곧 정각을 성취한 모습을 시현한 것이다.
제팔회 초와 그리고 『해심밀경』 등을 기준한다면 다 부처님에게 스물한 가지 공덕이 있다고 설하였으니 승도솔품에 마땅히 폭 넓게 설하겠다.
지금의 경문에는 처음에 열 구절만 있나니 또한 간략하게 해석하였을 뿐이다.
열 구절 가운데 처음 구절은 총구總句요
나머지 구절은 별구別句다.
총구 가운데 묘한 깨달음이 다 원만하다고 한 것은 묘한 깨달음은 진경에는 선각善覺이라 이름하였고, 『십지론경』[83]에는 정각正覺이라 이름하였으니,
진실로 범음에 말하기를 소蘇는 묘妙와 선善과 그리고 정正 등을 포함한 까닭으로 번역한 사람이 따라 취한 것이다.
오悟는 곧 각覺이니 진제와 속제를 둘 다 비추기에 그런 까닭으로

---

83 논경이라고 한 것은 곧 『불지론』에서 해석한 바 경이다고 『잡화기』는 말하고 있다.

묘한 깨달음(妙悟)이라 이름하고, 아래에 모든 구절[84]을 갖추어 인인因人이라 한 것과는 다르기에 그런 까닭으로 다시 원만圓滿하다고 이름한 것이다.

鈔

雙照眞俗者는 準下無著은 不釋總句하고 具下諸別로 以成總句하며 親光菩薩은 別釋總句하니 今依親光하야 別釋總句妙悟하고 取無著意하야 將別釋滿이라

진제와 속제를 둘 다 비춘다고 한 것은 아래를 기준한다면 무착보살은 총구를 해석하지 않고 아래에 모든 별구別句를 갖춤으로써 총구를 성립하였으며

친광보살은 총구를 따로 해석하였으니

지금에는 친광을 의지하여 총구인 묘한 깨달음(妙悟)을 따로 해석하였고, 무착의 뜻을 취하여 아래 별구를 가져 원만(滿)함을 해석하였다.

疏

別中一에 二行永絶者는 煩惱所知와 生死涅槃이 皆名二行이요 俱不現前이 名爲永絶이라

84 아래에 모든 구절이라고 한 것은 묘오妙悟라고 한 아래에 아홉 구절이다.

별구 가운데 첫 번째 두 가지 행이[85] 영원히 끊어졌다고 한 것은 번뇌장과 소지장과 생사와 열반이 다 이름하여 두 가지 행이요 두 가지 행이 함께 앞에 나타나지 않는 것이 이름하여 영원히 끊어진 것이 되는 것이다.

鈔

煩惱所知者는 準無著인댄 名於所知에 一向無障轉功德이니 但離所知라 二乘之人은 於極遠時處를 不能知見하야 有知不知일새 故名二行이라하고 今無不知일새 故云永絶이라하니라 若親光云인댄 凡夫二乘은 現行二障이나 世尊은 無故니 凡夫는 現行生死하야 起諸雜染일새 卽煩惱障이요 二乘은 現行涅槃하야 棄利樂事나 世尊은 無彼二事일새 故云永絶이라하니 今具含二釋일새 故雙牒之니라 下諸功德은 皆是下文의 廣釋中意니 如或未曉어든 但尋兜率會疏와 及論文인댄 居然易了리라

---

85 두 가지 행이라고 한 것은 무착은 곧 다만 소지장만 잡아 지知와 부지不知의 두 가지 행을 말하고 있고, 친광은 곧 범부의 번뇌장과 이승의 열반장으로 현행의 이장二障을 삼고 있다. 이것은 『유망기』의 말이다. 『잡화기』에 말하기를 두 가지 행이라고 한 것은 지知와 더불어 부지不知가 이것이다. 아래 소문에 말하기를 성문 등이 어떤 곳에는 장애가 없고 어떤 곳에는 장애가 있는 두 가지와는 같지 않다 하였으니, 아래 치자권致字卷 상권 30장, 상단 2행을 볼 것이다. 대개 무착은 다만 소지장 가운데 나아가 두 가지 행을 논하고, 친광은 이장二障을 함께 잡아 두 가지 행을 말하나니, 지금 초문에 잘 나타나 있다 하였다. 바로 위에 사기에 아래 소문이라 한 것은 역시 치자권 30장, 상 2행이다.

번뇌장과 소지장이라고 한 것은 무착보살을 기준한다면 이름이 소지所知의 경계에 한결같이 장애 없이 굴러가는[86] 공덕이라 할 것이니

다만 소지장만을 떠난 것이다.

이승二乘의 사람은 지극히 먼 시처時處를 능히 알아보지 못하여 알고 알지 못함이 있기에 그런 까닭으로 이름을 두 가지 행(二行)이라 하였고,

지금에는 알지 못함이 없기에 그런 까닭으로 말하기를 영원히 끊었다고 하였다.

만약 친광보살이 말한 것이라면 범부와 이승은 두 가지 장애(二障)를 현재 행하고 있지만 세존은 없는 까닭이니

범부는 생사를 현재 행하여 모든 잡염雜染을 일으키기에 곧 번뇌장이요,

이승은 열반을 현재 행하여 이익케 하고 즐겁게 하는 일(利樂事)을 버리고 있지만, 세존은 저 두 가지 일이 없기에 그런 까닭으로 말하기를 영원히 끊었다 하였으니,

지금에는 두 가지 해석[87]을 갖추어 포함하였기에 그런 까닭으로 그 두 가지를 첩석하였다.[88]

---

86 장애 없이 굴러간다고 한 것은, 『잡화기』에 말하기를 말하자면 지혜로써 장애 없이 굴러간다 하였다.

87 두 가지 해석이라고 한 것은 무착의 해석과 친광의 해석이다.

88 그런 까닭으로 그 두 가지를 첩석하였다고 한 것은, 만약 친광의 해석을 잡는다면 마땅히 다만 이장만 첩석하거나 혹 생사와 열반을 첩석할 것이어늘,

아래에 모든 공덕[89]은 다 이 하문下文[90]에 폭넓게 해석한 가운데 뜻이니
만약 혹시라도 알지 못하겠거든 다만 도솔품회의 소문과 그리고 논문[91]을 찾아보면 거연히 쉽게 알 수가 있을 것이다.

疏

二에 達無相法者는 淸淨眞如가 名無相法이니 達者는 了也라 三은 如來가 常住大悲하야 任運利樂하며 又常安止聖天梵住일새 故云住於佛住라하니라

두 번째 모습 없는 법을 통달하였다고 한 것은 청정한 진여가 이름이 모습 없는 법이니,
통달(達)하였다고 한 것은 요달(了)하였다는 것이다.
세 번째는 여래가 항상 대비에 머물러 자유롭게 이익케 하고 즐겁게 하며

지금에는 이장과 그리고 생사·열반의 두 가지를 첩석한 것은 소지장 가운데 무착의 해석을 포함한 까닭이니, 그런 까닭으로 중첩으로 해석한 것이 아니다. 이상은 다 『잡화기』의 말이다. 그 두 가지를 첩석하였다고 한 것은 곧 소지장은 무착의 뜻을 첩석하고 나머지는 다 친광의 뜻을 첩석한 것이니 그런 까닭으로 그 두 가지를 첩석하였다 한 것이다.

89 모든 공덕이란, 스물한 가지 공덕이다.

90 하문下文이란, 승도솔천궁품이다.

91 논문은 십지론문이니 바로 앞에 소문을 보면 알 수가 있다.

또 항상 성인과 하늘과 범천이[92] 편안히 그쳐 머물기에 그런 까닭으로 말하기를 부처님이 머무는 곳에 머문다 하였다.

鈔

聖天梵住者는 卽智論第三云호대 聖謂三乘聖人이요 天謂六欲天이요 梵卽色無色이라하며 復次三三昧는 名聖住요 布施持戒善心三事는 名天住요 四無量은 是梵住라하니 釋曰此雖二文이나 義乃是一이니 前擧果住요 後出因住라 或爲四住라하니 謂加佛住니 如來가 常住首楞嚴諸三昧故라 雖遍住四住하야 智海已滿이나 大悲深故로 特言大悲니 大悲는 卽梵住所攝이라

성인과 하늘과 범천에 머문다고 한 것은 곧 『지도론』 제삼권에 말하기를 성인은 삼승의 성인을 말하는 것이요,
하늘은 육욕천을 말하는 것이요,

---

92 또 항상 성인과 하늘이라 운운한 것은, 치자권致字卷 상권 34장 소문에 말하기를 성인과 하늘과 범천 등이 다 부처님이 머무시는 바이지만 자성이 공한 대비에 치우쳐 잘 편안히 머문다 하였으니, 이 가운데는 이 위에는 치우쳐 머무는 것을 거론하고 여기는 모두 다 머무는 것을 거론한 것이다. 이상은 『잡화기』의 말이니 치우쳐 머문다고 한 것은 여래가 대비에 머무는 것이고, 모두 다 머문다고 한 것은 성인·하늘 범천을 말하는 것이다.
또 『잡화기』에 말하기를 치우쳐 머문다고 한 것은 자성이 공한 것과 대비가 있거늘 소문에는 대비를 거론하여 말하기를 여래가 대비에 머문다 하고, 초문에는 자성이 공한 것을 거론하여 말하기를 여래가 수능엄삼매에 머문다 한다고 하였다.

범천은 곧 색계 무색계라 하였으며,
다시 세 가지 삼매는 이름이 성인이 머무는 곳이요,
보시와 지계와 선심의 세 가지 일은 이름이 하늘이 머무는 곳이요,
네 가지 무량심은 범천이 머무는 곳이다 하였으니,
해석하여 말하면 여기에 인용한 것은 비록 두 가지 문장[93]이지만 그 뜻은 이에 한 가지이니
앞에 문장은 과보에 머무는 것을 거론하였고, 뒤에 문장은 원인에 머무는 것을 설출한 것이다.
혹 네 곳에 머문다 하였으니 말하자면 부처님이 머무는 곳을 더한 것이니,
여래가 항상 수능엄의 모든 삼매에 머무는 까닭이다.
비록 네 가지 머무는 곳에 두루 머물러[94] 지혜의 바다가 이미 원만하지만 대비가 깊은 까닭으로 다만 대비라고 말하였을 뿐이니,
대비는 곧 범천이 머무는 곳에 섭수한 바이다.[95]

93 두 가지 문장이라고 한 것은 다시 세 가지 삼매라고 한 이전과 이후의 두 문장이다.

94 비록 네 가지 머무는 곳에 두루 머문다고 한 등은 다만 처음에 뜻(대비에 머무는 것)만 잡아 해석한 것이다.

95 대비는 곧 범천이 머무는 곳에 섭수한다고 한 것은, 비록 대비가 깊고 얕은 것이 차이가 있지만 다만 그 뜻은 서로 같은 유형인 까닭으로 그렇게 말한 것이다. 다 『잡화기』의 말이다.

疏

四는 所證能證과 及以化用이 皆等諸佛이요 五는 具能治道하야 解脫障故요 六은 所說敎法을 外道가 不能轉故요 七은 行諸世間에 違順魔怨이 不能礙故요 八은 安立敎法이 超言念故요 九는 於三世境에 若事若理를 了達記別호대 無錯謬故라 具此九別하야 成初總句니 同異成壞는 準思可知라

네 번째는 소증所證과 능증能證과 그리고 교화의 작용이 다 모든 부처님과 평등한 것이요
다섯 번째는 능히 닦아 다스리는 도를 갖추어 장애를 해탈한 까닭이요
여섯 번째는 설하신 바 교법을 외도가 능히 굴릴 수 없는 까닭이요
일곱 번째는 모든 세간을 행함에 어기고 따르는 마군과 원수가 능히 장애하지 못하는 까닭이요
여덟 번째는 안립한 교법이 말과 생각을 초월한 까닭이요
아홉 번째는 삼세의 경계에 혹 사실과 혹 진리를 요달하여 수기(記別)하되 착오가 없는 까닭이다.
이 아홉 가지 별구別句를 갖추어 처음에 총구總句를 성립한 것이니 동同·리異·성成·괴壞는[96] 총상을 기준하여 생각하면 가히 알 수가 있을 것이다.

---

96 동同·리異 운운은 육상원융의 뜻이니, 원융의 뜻은 고본 여자권麗字卷 50장을 볼 것이다. 『잡화기』의 말도 이와 같다.

經

與十佛刹微塵數諸菩薩俱하시니 莫不皆是一生補處니라 悉從他方으로 而共來集하야

열 부처님의 국토에 작은 티끌 수만치 많은 모든 보살로 더불어 함께 하시니
다 일생보처 보살이 아님이 없었습니다.
모두 다 타방으로 좇아 함께 와 모여서

疏

第三은 輔翼圓滿이라 文分二別하리니 一은 標數揀定이요 二는 歎其勝德이라 前中菩薩은 揀非凡小이요 補處는 明非下位요 他方而來는 非舊衆也라 言一生者는 釋有二義하니 一은 約化相이니 謂如彌勒이라 此復有三하니 一은 人中一生이요 二는 天上一生이요 三은 下降一生이니 正取天中이라 二는 約實報一生이니 謂於四種의 變易生死中에 唯有末後一種이 名無有生死니 一位所繫라 此文은 多約化相耳니라

제 세 번째는 보익보살[97]이 원만한 것이다.
문장을 두 가지로 다르게 분류하리니

97 보익보살은 일생보처 보살이다.

첫 번째는 보살의 수를 표하여 가려서 결정[98]한 것이요
두 번째는 그 보살의 공덕이 수승함을 찬탄한 것이다.
앞의 가운데 보살은 범부와 소승이 아님을 가린 것이요
보처補處는 하위下位 보살이 아님을 밝힌 것이요
타방에서 온 것은 구중舊衆이 아니다.
일생一生이라고 말한 것은 해석함에 두 가지 뜻이 있나니
첫 번째는 화신상의 일생을 잡은 것이니,
말하자면 미륵보살과 같은 것이다.
여기에 다시 세 가지가 있나니
첫 번째는 인간 가운데 일생이요[99]
두 번째는 천상의 일생이요
세 번째는 하강下降의 일생이니 바로 하늘 가운데 일생을 취한 것이다.

두 번째는 실보신實報身의 일생을 잡은 것이니,
말하자면 네 가지 변역생사 가운데 오직 말후[100]에 있는 한 가지가

---

98 간정揀定이란, 그 보살이 일생보처 보살로 타방에서 왔다고 가려서 결정한 것이다.

99 첫 번째는 인간 가운데 일생이라 운운한 것은 처음에는 과거를 잡은 것이니 곧 부처님이 세상에 출현할 때에 다 같이 인간 가운데 태어나는 까닭이요 다음(二)에는 현재를 잡은 것이니 지금 도솔천궁에 있는 까닭이요 뒤(三)에는 미래를 잡은 것이니 뒤에 마땅히 하강하는 까닭이다. 역시 『잡화기』의 말이다.

100 말후는 제 네 번째이다.

이름이 생사가 없다는 것(無有生死)이니 일위소계보살一位所繫菩薩[101] 이다.

여기에 경문은 다분히 화신상의 일생을 잡은 것이다.

鈔

四種變易生死者는 第一疏鈔에 已引攝論과 無上依經거니와 今更依佛性論第二하야 略示名相하리라 一에 方便生死는 謂生死緣이니 卽無明住地惑이 能生新無漏業하나니 譬如界內의 無明生行하니라 以惑生智가 非同類일새 故로 名爲方便이라 二에 因緣生死는 謂生死因이니 卽上無明의 所生無漏有分別業이니 譬如無明의 所生行業하니라 但感同類일새 故名因緣이라 三에 有有生死는 卽由前因緣하야 感得變易異熟有果하나니 如三界內에 以有漏業으로 感六趣身하니라 言有有者는 未來生有하고 更有一生故니 如上流般의 阿那含이 第二生에 般涅槃故니라 亦云호대 有此有果일새 故名有有니라 四에 無有生死는 卽改變易脫이니 譬如生爲緣하야 有老死等過患이나 一期報謝하면 更無有有일새 故名無有라 故今疏云호대 唯有第四가 無有生死라하니라 一生者는 此生之後에 便成佛故니 如那含人이 當涅槃故니라

네 가지 변역생사라고 한 것은 제일권 『소초』[102]에서 이미 『섭론』과

101 일위一位는 일생一生과 같다.

102 제일권 『소초』라고 한 것은 『현담』 제오권 우자권宇字卷 23장 상면에 있나니

『무상의경』을 인용하여 해석하였거니와 지금에 다시 『불성론』 제이권을[103] 의지하여 명상名相을 간략하게 시현하겠다.

첫 번째 방편생사는 말하자면 생사의 조연(緣)이니 곧 무명주지無明住地[104]에 혹惑이 능히 새로운 무루업을 생기하나니,

비유하자면 삼계 안의 무명[105]이 행行을 생기하는 것과 같다.

혹惑으로써 지혜를[106] 생기하는 것이 같은 유형(同類)이 아니기에

『현담』 팔권이 이십권 소문으로 보면 모두 다 제일권에 속하는 까닭이다.

103 『불성론』 제이권이라고 한 등은, 저 『불성론』이 앞의 논문에 말하기를 십지에 사장四障을 인유한 까닭으로 아직 극과極果의 사덕(四德: 상·낙·아·정)을 얻지 못하다가 금강심 이후에 바야흐로 이에 얻는 것이니, 무슨 까닭인가. 삼계 밖을 벗어남에 세 가지 성인이 있나니 말하자면 성문과 연각과 대력보살大力菩薩이다. 무루의 세계에 머물러 네 가지 원장怨障이 있나니 이 원장을 인유한 까닭으로 여래의 네 가지 공덕 바라밀을 얻지 못한다 하고, 첫 번째는 방편생사라 운운하여 여기와 같다. 이상은 『잡화기』의 말이다.

104 무명주지無明住地는 곧 근본무명이다.

105 삼계 안의 무명이라고 한 것은 삼계 안의 혹惑이니 견혹見惑과 사혹思惑으로, 삼계 안에 사람이 가지는 번뇌이다. 삼계 밖의 혹惑은 진사혹塵沙惑과 무명혹無明惑으로 삼계의 안뿐만이 아니라 삼계의 밖에도 있는 번뇌이다.

106 혹으로써 지혜를 운운한 것은, 『불성론』에 갖추어 말하면 혹 번뇌의 방편을 인하여 같은 유형의 과보(同類果)를 생기하는 것은 이름이 인연이 되는 것이니 무명이 불선행不善行을 생기하는 것과 같고, 만약 같지 않는 유형의 과보를 생기한다면 다만 이름을 방편이라고만 하나니 무명이 선善과 부동행不動行을 생기하는 것과 같은 까닭이다. 지금에 무명주지가 새로운 무주업을 생기하는 것도 또한 그러하나니 혹 같은 유형의 업을 생기하며, 혹 같지 않는 유형의 업을 생기하는 것이다. 복을 생기하는 것은 이름이 같은 유형이

그런 까닭으로 이름을 방편이라 한 것이다.

두 번째 인연생사는 말하자면 생사의 원인(因)이니 곧 위에 무명이 생기한 바 무루유분별업이니,

비유하자면 무명이 생기한 바 행업과 같다.

다만 같은 유형(同類)만[107] 감득하기에 그런 까닭으로 이름[108]을 인연이라 한 것이다.

세 번째 유유생사有有生死는 곧 앞에 인연을 인유하여 변역이숙[109]유과變易異熟有果를 감득하나니

마치 삼계 안에 유루업으로써 육취의 몸을 감득하는 것과 같다.

유유有有라고 말한 것은 미래생未來生이[110] 있고 다시 일생一生이

되나니 원인으로써 속제를 반연하는 까닭이요, 지혜의 행을 생기하는 것은 이름이 같지 않는 유형이 되나니 지혜(智)가 이 진실한 지혜(慧)인 까닭으로 이 이름을 방편이라 하는 것이다 하였다. 역시 『잡화기』의 말이다.

107 다만 같은 유형만이라고 운운한 것은, 『불성론』에 갖추어 말하면 다만 같은 유형만 감득하고 같지 않는 유형의 과보는 생기하지 않나니 선행은 다만 즐거운 과보만 생기하고, 불선행은 다만 괴로운 과보만 초래하는 까닭으로 인연생사라 이름하는 것이다. 방편생사는 범부의 지위에 비유하고, 인연생사는 수다원 이상에 비유하나니 다만 옛날의 업만 써서 새로운 과보를 생기하지 않는 것이다 하였다. 이상은 역시 『잡화기』의 말이다.

108 명名 자가 혹본에는 명明 자로 되어 있으나 잘못이다. 명名 자가 옳다.

109 변역이숙이라고 한 것은, 저 『불성론』에 말하기를 세 가지 성인의 뜻으로 생기한 바 몸이라 하였다. 역시 『잡화기』의 말이다.

110 『잡화기』는 미래생'이' 유하고 吐이고, 『유망기』는 미래생유'가' 吐이다. 따라서 유유有有는 있고 있는 생사라 번역하고, 또 있는 것이 있는 생사라 번역할 것이다.

있는 까닭이니
마치 상류반上流般의 아나함이[111] 제이생에 열반에 드는 것과 같은 까닭이다.
또한 말하기를 이 유과有果가 있기에[112] 그런 까닭으로 이름을 유유라 한 것이다.
네 번째 무유생사無有生死는 곧 변역變易함을 고쳐[113] 벗어나는 것

---

111 마치 상류반의 아나함이라고 한 등은, 저 『불성론』에 말하기를 상류반의 아나함 인人이 제이생 가운데 열반에 들어간 이가 나머지 일생一生이 있는 까닭으로 유유有有라 이름하는 것이다. 그런 까닭으로 『구사론』에 말하기를 말하자면 욕계에서 죽어 색세에 가서 태어나지만 아직 곧 저 가운데 능히 원적圓寂을 증득하지 못하였기에 반드시 전轉하여 위의 무색계에 태어나야 바야흐로 열반에 들어간다 하였으니, 평하여 말하기를 욕계에서 죽어 색계에 태어나면 곧 내생이 있는 것이니 반드시 전하여 위의 무색계에 태어나는 것이 곧 다시 일생이 있는 것이다. 상류반은 곧 다섯 가지 열반 가운데 제 다섯 번째이다. 역시 다 『잡화기』의 말이다. 또 상류반上流般이라고 한 것은 일곱 가지 불환(七種不還)의 하나이니 아나함의 성자가 무여열반에 들어가는 때를 일곱 가지로 나눈 것이다. 一은 중반中般이고, 二는 생반生般이고, 三은 유행반有行般이고, 四는 무행반無行般이고, 五는 상류반上流般이고, 六은 행무색行無色이고, 七은 현반現般이니 『운허 불교사전』 p.874를 참고할 것이다.

112 또한 이 유과가 있다고 한 등은 앞에는 있고 있다는 뜻으로 해석하였고, 여기는 있는 것이 있다는 뜻으로 해석한 것이다고 『잡화기』는 말하였다.

113 곧 변역함을 고친다고 한 등은 이것은 삼성의 의생意生인 최후신이다. 나머지는 우자권宇字卷 22장 이하와 『회현기』 22권 20장을 볼 것이다. 역시 『잡화기』의 말이다. 『유망기』는 사종생사는 『회현기』 22권 23장 이하를 보라고 하였다.

이니,

비유하자면 생生이 인연이 되어 노·사 등 허물이 있는 것 같지만 한때에 정업을 닦으면[114] 다시는 유유有有가 없기에 그런 까닭으로 이름을 무유無有라 한 것이다.

그런 까닭으로 지금 소문에 말하기를 오직 제 네 번째 있는 것이 무유생사라 하였다.[115]

일생이라고 한 것은 이 생 이후에 문득 성불하는 까닭이니 마치 아나함의 사람이 당래에 열반하는 것과 같은 까닭이다.

---

114 보사報謝란, 은혜를 갚고자 정업을 닦아 사례하는 것이다.

115 오직 제 네 번째 있는 것이 무유생사라고 한 것은 소문에는 오직 말후에 있는 한 가지가 이름이 생사가 없다(無有生死)는 것이다 하였다.

經

普善觀察諸衆生界와 法界世界와 涅槃界와 諸業果報와 心行次第와 一切文義와 世出世間과 有爲無爲와 過現未來하니라

널리 모든 중생계와
법계와
세계와
열반계와
모든 업의 과보와
심행心行의 차례와
일체 문의文義와
세간·출세간과
유유·무위와
과거·현재·미래를 잘 관찰하였습니다.

疏

二에 普善下는 歎德이라 德雖無量이나 略歎一이니 普善觀察者는 能觀智也라 普有二義하니 一은 普衆同有此德이요 二는 普觀十境이라 善有三義하니 一은 善知相이요 二는 善知無相이요 三은 善知此二無礙라 衆生界下는 明其所觀이니 皆具上三義라 十中初는 是總句니 所化衆生이라 次는 此生何來고 由迷法界하야 起於世界니 我當令彼로 住涅槃界하야 淨諸業果일새 故須識心行之病과

文義之藥하야 令厭世間하고 欣出世間하야 不盡有爲하며 不住無爲니라 上辨橫觀十法거니와 今竪達三世하리라 觀涅槃은 知已現當證이며 觀諸業은 已現當造며 果報는 已現當受며 心行은 已現當發이리니 餘可類知니라 亦以六相融之니라

두 번째 널리 잘이라고 한 아래는 공덕을 찬탄한 것이다.
공덕이 비록 한량이 없지만 간략하게 하나만 찬탄한 것이니
널리[116] 잘 관찰하였다고 한 것은 능관能觀의 지혜이다.
널리(普)라는 것은 두 가지 뜻이 있나니
첫 번째는 널리 대중이 똑같이 이 공덕이 있다는 것이요
두 번째는 널리 열 가지 경계를 관찰한다는 것이다.
잘(善)이라는 것은 세 가지 뜻이 있나니
첫 번째는 상相을 잘 아는 것이요
두 번째는 무상無相을 잘 아는 것이요
세 번째는 이 두 가지가 걸림이 없음을 잘 아는 것이다.
중생계라고 한 아래는 그 소관所觀을 밝힌 것이니
다 위에 세 가지 뜻을 갖추고 있는 것이다.

십구 가운데 처음 구절은 이 총구總句이니 교화할 바 중생이다.
다음 구절은 이 중생이 어디로부터 왔는가.
법계[117]를 미혹함으로 인유하여 세계에서 생기하였나니 내 마땅히

116 원문에 보普 자는 소본에는 지智 자로 되어 있다.
117 법계라고 한 아래는 답이고, 그 이전은 질문이다.

저 중생들로 하여금 열반의 세계에 머물러 모든 업과를 청정케 하려 하기에 그런 까닭으로 반드시 심행의 병과 문의文義의 약을 알아 하여금 세간을 싫어하고 출세간을 좋아하여 유위를 다하지도[118] 아니하며 무위에도 머물지 않게 한다 하였다.

이상에서는 횡橫으로 십법[119]을 관찰함을 분별하였거니와, 지금에는 수竪로 삼세를 통달함을 분별하겠다.

열반계를 관찰한 것은 과거·현재·당래에 증득한 것이며

모든 업을 관찰한 것은 과거·현재·당래에 지은 것이며

과보는 과거·현재·당래에 받는 것이며

심행은 과거·현재·당래에 일으킨 것인 줄 알아야 할 것이니

나머지는 가히 비류하면 알 수가 있을 것이다.

또한 육상六相으로써 융섭할 것이다.

---

118 유위 운운한 것은 싫어하고 좋아하는 모습이 없다는 것이다.

119 십법이라고 한 것은 세법과 출세법과 유위법과 무위법을 열어 네 가지를 삼은 까닭으로 십법을 이루나니, 만약 중생계인즉 이 총이 되는 까닭으로 여기서는 취하지 않는 것이다. 그렇다면 곧 앞의 십구 가운데 말한 십법으로 더불어 열고 합하는 것이 다름이 있나니 자세히 생각할 것이다. 이상은 『잡화기』의 말이다. 즉 총구인 중생계를 빼고 법계, 세계, 열반계, 제업과보, 심행차제, 일체 문의, 세, 출세, 유위, 무위의 십법이라는 것이다. 앞의 십구 가운데 십법은 총구인 중생계와 법계와 세계와 열반계와 제업과보와 심행차제와 일체 문의와 세·출세간과 유위·무위와 과거·현재·미래이다. 연다고 한 것은 세와 출세와 유위와 무위를 연 것이고, 합한다고 한 것은 세·출세와 유위·무위를 합한 것이다 하겠다.

經

時諸菩薩이 作是思惟호대

그때에 모든 보살이 이와 같은 사유를 하기를

疏

第二에 時諸菩薩下는 請分이라 於中二니 先은 擧人標念이라

제 두 번째 그때에 모든 보살이라고 한 아래는 청분請分이다
그 가운데 두 가지가 있나니
먼저는 사람을 들어 생각함을 표한 것이다.

經

若世尊이 見愍我等인댄 願隨所樂하야

만약 세존께서 우리 등을 보고 어여삐 여기신다면 원컨대 좋아하는 바를 따라서

疏

後에 若世尊下는 正顯問端이라 然句雖五十이나 問但四十이니 以第二에 十句는 是說意故라 此四十問으로 望第一會인댄 有同有異하니 後二十句는 全同하고 前二十句는 大同小異하니라 又復前後不同하니 初十句는 卽前第三의 十海나 前會는 卽總說所觀深廣하고 此則別說如來依正이니 以前會中엔 爲總故요 此會엔 別顯信所依故라 故前會엔 皆致海言하고 此中엔 但云刹等이라하니라 第二에 十句는 前名菩薩十海라하고 此列住等行位하니 前通諸會하야 總顯圓融과 行布因故요 此約當分하야 欲顯差別因之相故니라 後二十句는 雖則全同이나 前總此別이며 又前卽所信이요 今辨所成이니 欲顯所信所成이 體無異故로 文句全同하니라

뒤에 만약 세존이 우리 등을 보고 어여삐 여긴다면이라고 한 아래는 묻는 단서를 바로 나타낸 것이다.

그러나 묻는 구절이 비록 오십 구절이 있지만 묻는 것은 다만 사십 구절뿐이니

제 두 번째 열 구절은 설하는 뜻인 까닭이다.
이 사십구의 물음으로 제일회를 바라본다면 같은 것도 있고 다른 것도 있나니
뒤에 이십 구절[120]은 온전히 같고 앞에 이십 구절은 크게는 같고 작게는 다르다.
또한 다시 앞뒤의 차례가 같지 않나니[121]
처음에 열 구절은 곧 앞의 제 세 번째 십해十海이지만 전회前會는 곧 관찰하는 바가 깊고도 넓은 것을 한꺼번에 설하였고, 차회此會는 곧 여래의 의보와 정보를 따로 설하였나니
전회前會 가운데는 총總이 되는 까닭이요
차회此會는 믿음의 의지할 바를 따로 나타낸 까닭이다.
그런 까닭으로 전회에서는 다 바다(海)라는 말을 이루었고 차회 가운데서는 다만 국토 등이라고만 말하였다.
제 두 번째 열 구절은 전회에서는 이름을 보살십해라 하였고 차회에서는 십주 등 수행의 지위를 열거하였나니,
전회에서는 모든 회를 통틀어 원융圓融과 행포行布의 인연을 한꺼번

---

120 뒤에 이십 구절이라고 한 것은 영인본 화엄 4책, p.359, 말행에 있다.
121 앞뒤의 차례가 같지 않다고 한 그 앞뒤란 곧 앞뒤의 차례이다. 같지 않다고 말한 것은 초회의 처음 십구가 이회의 제 세 번째 십구에 해당하고, 초회의 제 두 번째 십구가 이회의 제 네 번째 십구에 해당하고, 초회의 제 세 번째 십구가 이회의 처음 십구에 해당하고, 초회의 제 네 번째 십구가 이회의 제 두 번째 십구에 해당하는 까닭으로 앞뒤(초회와 이회)의 차례가 같지 않다는 것이다. 역시 『잡화기』의 말이다.

에 나타낸 까닭이요
차회에서는 당분當分을 잡아 차별한 인연의 모습을 나타내고자 한 까닭이다.
뒤에 이십 구절[122]은 비록 곧 온전히 같지만 전회는 총이고 차회는 별이며
또 전회는 곧 소신所信이고 지금 회는 소성所成을 분별한 것이니 소신과 소성이 그 자체가 다름이 없는 것을 나타내고자 한 까닭으로 문구가 온전히 같은 것이다.

疏

若唯約義인댄 亦可分三하리니 謂初十句는 問佛德應機에 無方大用이니 辨因所依果요 次十句는 問菩薩行位니 卽果所成因이요 後二十句는 佛果勝德이니 顯因所成果라 是則以佛爲緣하야 而起於因하고 還以此因으로 而成於果하니 是此分之大意也라 故論云호대 多聞熏習이 無不從此法身流하고 無不還證此法身이라하니 卽其義也니라

만약 오직 뜻(義)만을 잡는다면 또한 가히 세 가지로 분류하리니 말하자면 처음에 열 구절은 부처님의 공덕이 근기에 응함에 방소 없는 큰 작용을 물은 것이니 원인이 의지할 바 과보를 분별한 것이요 다음에 열 구절은 보살이 수행하는 지위를 물은 것이니 곧 과보가

122 뒤에 이십 구절이라고 한 것은 영인본 화엄 4책, p.359, 말행에 있다.

이를 바 원인이요

뒤에 이십 구절은 불과의 수승한 공덕이니 원인이 이룬 바 과를 나타낸 것이다.

이것은 곧 부처님으로써 조연을 삼아 원인을 일으키고 도리어 이 원인으로써 과보를 이루나니 이것은 이 분分[123]의 큰 뜻이다.

그런 까닭으로 논에 말하기를 많이 듣고[124] 훈습한 것이 이 법신으로 좇아 유출하지 아니함이 없고 도리어 이 법신을 증득하지 아니함이 없다 하였으니 곧 그 뜻이다.

鈔

若唯約義下는 科判經文이라 於中初는 總科니 有三이라 初는 就義爲三이니 以所問法이 有三類故라

만약 오직 뜻만을 잡는다면이라고 한 아래는 경문을 과판한 것이다.

그 가운데 처음에는 총과總科이니 세 가지가 있다.

처음에는 뜻에 나아가 세 가지로 하리니,

물은 바 법이 세 가지 종류가 있는 까닭이다.

---

123 이 분分이라고 한 것은 원인을 닦아 과보에 계합하여 지해를 내게 하는 분이다.

124 많이 듣는다고 한 등은 『잡화기』에 말하기를 처음 구절은 위의 다음에 열 구절을 증거한 것이고, 다음 구절은 위의 처음에 열 구절을 증거한 것이고, 뒤에 구절은 위의 뒤에 스무 구절을 증거한 것이다 하였다.

疏

今取文義俱便하야 大分爲二하리니 初十句는 直爾疑問이요 後三十句는 引例請問이니 義不異前이라 然이나 所依所成은 文應互有나 但是影略하고 不欲繁辭니라 故로 初會에 直爾興問이 卽此中引例요 此中引例가 卽彼直問이라 又前但明一重所信일새 故合三十句果요 今爲分二段일새 故間之以因이라 今初十句에 先은 總顯請意라

지금에는 문장과 뜻이 함께 편리함을 취하여 크게 나누어 두 가지로 하리니
처음에 열 구절은 바로 그때 의심을 물은 것이요
뒤에 삼십 구절은 예를 이끌어 청문한 것이니
그 뜻이 앞과 다르지 않다.

그러나 소의所依와 소성所成[125]은 문장이 응당 서로 있어야 할 것이지만 다만 그윽이 생략하고 번거롭게 말하고자 하지 않는다.
그런 까닭으로 초회初會에 바로 그때에 질문을 일으킨 것이 곧 차회 가운데 예를 이끈 것이요

125 소의所依 운운한 것은 소의는 이회는 신소의信所依이고, 소성所成은 제칠회에 소성인과所成因果이다. 『잡화기』에 말하기를 의지하는 바(所依)는 처음에 열 구절이고, 이루는 바(所成)는 뒤에 스무 구절이니 향전의 열 구절로 의지하는 바와 이루는 바를 삼는 것이다 하였다.

차회 가운데 예를 이끈 것이 곧 저 회에 바로 물은 것이다.
또 전회는 다만 일중一重의 소신所信만 밝혔기에 그런 까닭으로 삼십 구절의 과보를 합하였고, 지금에는 이단二段[126]을 나누기 위하기에 그런 까닭으로 원인으로써 사이하였다.[127]
지금은 처음으로 열 구절에 먼저는 청하는 뜻을 한꺼번에 나타낸 것이다.

鈔

今取文義俱便下는 後에 分二釋文이니 二段皆結일새 故是文便이요 直問引例는 表人異道同일새 故是義便이라

지금에는 문장과 뜻이 함께 편리함을 취하였다고 한 아래는 뒤에 두 가지로 나누어 문장을 해석한 것이니,
이단二段이 다 결문結文[128]이기에 그런 까닭으로 문장이 편리한 것이요

---

126 이단二段이라고 한 것은 바로 그때 의심을 물은 것과 예를 이끌어 청문한 것이다. 그러나 『잡화기』는 소의所依와 소성所成이라 하였다.

127 원인으로써 사이하였다고 한 것은 중간의 열 구절은 원인이니 즉 처음에 열 구절과 뒤에 이십 구절을 뺀 열 구절이다.

128 원문에 이단개결二段皆結이라고 한 것은 초단의 질문 가운데는 결문이 없다는 것이다. 『잡화기』에는 이 가운데 초단엔 비록 결문이 없지만 앞에 제일회의 초단에 이미 결문이 있었다면 곧 이 가운데도 그 뜻이 반드시 포함되어 있는 까닭이다 하였다.

바로 물은 것이 예를 이끈 것이라고 한 것은 사람은 다르지만 도道는 같음을 표한 것이기에 그런 까닭으로 뜻이 편리한 것이다.

經

開示佛刹과 佛住와 佛刹莊嚴과 佛法性과 佛刹淸淨과 佛所說法과 佛刹體性과 佛威德과 佛刹成就와 佛大菩提하소서

부처님의 국토와
부처님의 머무심과
부처님 국토의 장엄과
부처님 법의 자체성과
부처님 국토의 청정과
부처님의 설하신 바 법과
부처님 국토의 자체성과
부처님의 위덕과
부처님 국토의 성취와
부처님의 큰 깨달음을 열어 보이소서.

疏

後에 開示下는 別列所疑라 十句에 依正間問者는 正報應機에 必依刹故며 亦表依正의 無障礙故라 五句依者는 一은 刹類이요 二는 莊嚴이요 三은 淸淨이요 四는 體性이요 五는 成就라 上五는 卽前二海니 廣如四五의 二品이라 其佛住等五句는 卽正報大用이니 一은 佛身이 遍住諸刹하고 佛心이 常住大悲요 二는 所具功德과 及所證法性이요 三은 隨機說法이요 四는 作用威光이요 五는 修行得證

하야 現成菩提라 然此五는 卽前會七海니 一은 卽佛海요 二는 卽解脫海요 三은 卽演說海요 四는 卽變化海요 五는 卽名號와 及壽量海와 波羅蜜海라 其衆生海는 但是所化일새 故略不擧나 含諸海中이라 此之十句는 下有言說과 及現相答이니 至下當知니라

뒤에 열어 보인다고 한 아래는 의심하는 바를 따로 열거한 것이다. 열 구절에 의보와 정보를 사이하여 물은 것은 정보로 근기를 응대함에 반드시 국토를 의지하는 까닭이며,
또한 의보와 정보가 걸림이 없음을 표한 까닭이다.
다섯 구절의 의보는 첫 번째는 국토의 유형이요,
두 번째는 장엄이요,
세 번째는 청정이요,
네 번째는 자체성이요,
다섯 번째는 성취이다.
이상에 다섯 구절은 곧 전회의 이해二海이니 폭넓게 설한 것은 네 번째와 다섯 번째의 두 품과 같다.

그 부처님의 머무심 등 다섯 구절은 곧 정보의 큰 작용이니
첫 번째는 부처님의 몸이 모든 국토에 두루 머물고 부처님의 마음이 항상 대비에 머무시는 것이요
두 번째는 구족한 바 공덕과 그리고 증득한 바 법의 자체성이요
세 번째는 근기를 따라 법을 설하는 것이요
네 번째는 작용의 위엄스런 광명이요

다섯 번째는 수행으로 증득하여 현재에 보리를 이룬 것이다.
그러나 이 다섯 구절은 곧 전회의 칠해七海이니
첫 번째는 곧 불해佛海요,
두 번째는 곧 해탈해解脫海요,
세 번째는 곧 연설해요,
네 번째는 곧 변화해요,
다섯 번째는 곧 명호해와 그리고 수량해와 바라밀해이다.
그 중생해는 다만 교화할 바 대상이기에 그런 까닭으로 생략하고 거론하지 않았으나 모든 바다 가운데 포함되어 있다.
이 열 구절은 아래에 언설과 그리고 현상現相의 답에 있나니
아래에 이르면 마땅히 알 수가 있을 것이다.

鈔

一에 刹類者는 卽形狀長短等이요 言卽前二海니 廣如四五二品者는 第四成就品에 答世界安立海하고 第五華藏世界品에 答世界海故니라

첫 번째 국토의 유형이라고 한 것은 곧 국토의 형상이 길고 짧은 등이요
곧 전회의 이해이니 폭넓게 설한 것은 네 번째와 다섯 번째의 두 품과 같다고 말한 것은 제 네 번째 세계성취품에서 세계 안립해를 답하고 제 다섯 번째 화장세계품에서 세계해를 답한 까닭이다.

經

如十方一切世界諸佛世尊이 爲成就一切菩薩故며 令如來種性不斷故며 救護一切衆生故며 令諸衆生永離一切煩惱故며 了知一切諸行故며 演說一切諸法故며 淨除一切雜染故며 永斷一切疑網故며 拔除一切希望故며 滅壞一切愛著處故로

시방[129]의 일체 세계에 모든 부처님 세존이 일체 보살을 성취케 하기 위한 까닭이며
여래의 종성으로 하여금 끊어지지 않게 하기 위한 까닭이며
일체중생을 구호하기 위한 까닭이며
모든 중생으로 하여금 일체 번뇌를 영원히 버리게 하기 위한 까닭이며
일체 모든 행을 요달하여 알게 하기 위한 까닭이며
일체 모든 법을 연설하기 위한 까닭이며
일체 잡되고 오염된 것을 깨끗이 제멸하기 위한 까닭이며
일체 의심의 그물을 영원히 끊게 하기 위한 까닭이며
일체 희망을 뽑아 제멸하기 위한 까닭이며
일체 애착하는 곳을 멸제하여 무너뜨리기 위한 까닭으로

129 원문에 여시방如十方이라 한 여如 자는 영인본 화엄 4책, p.360, 9행에서 번역할 것이다.

疏

第二에 如十方下는 引例請問이라 文分爲三하리니 初十句는 標彼說意니 明其有悲요 後三十句는 擧彼所說이니 顯其有智요 末後一句는 結以正請이니 彼佛旣爾인댄 此亦宜然이라 初中初句는 總이니 謂令諸菩薩로 行願成就故니라 餘九는 爲別이니 一은 上繼佛種이라 二는 云何繼고 以救衆生故라 三은 云何救고 令離惑故라 四는 如何救고 知彼根行故라 五는 以何救고 說法藥故라 六은 成何益고 一은 除集諦染이요 二는 決道諦疑요 三은 拔苦希望이요 四는 證滅愛處故라

제 두 번째 시방이라고 한 아래는 예를 이끌어 청문한 것이다. 경문을 나누어 세 가지로 하리니

처음에 열 구절은 저 부처님이 설한 뜻을 표한 것이니 그 부처님이 자비가 있음을 밝힌 것이요

뒤에 삼십 구절은 저 부처님이 설하신 바를 거론한 것이니 그 부처님이 지혜가 있음을 나타낸 것이요

말후에 한 구절[130]은 바로 청함을 맺는 것이니 저 부처님이 이미 그러하다면 이 부처님도 또한 마땅히 그러한 것이다.

---

130 말후에 한 구절이라고 한 것은 원컨대 지금에 부처님 세존께서도 또한 우리들을 위하여 선설하소서라고 한 한 구절이니 영인본 화엄 4책, p.361, 4행에 있다.

처음 가운데 처음 구절은 총구이니 말하자면 모든 보살로 하여금 행원을 성취케 하는 까닭이다.
나머지 아홉 구절은 별구가 되나니
첫 번째는 위로 부처님의 종성을 잇는 것이다.
두 번째는 어떻게 잇는가. 아래로 중생을 구원하는 까닭이다.
세 번째는 어떻게 구원하는가. 하여금 미혹을 떠나게 하는 까닭이다.
네 번째는 어떤 모습으로 구원하는가. 저 중생들의 근욕행을 아는 까닭이다.
다섯 번째는 무엇으로 구원하는가. 진리의 약을 설하는 까닭이다.
여섯 번째는 무슨 이익을 성취하는가.
첫 번째는 집제集諦의 더러움을 제멸하는 것이요
두 번째는 도제道諦의 의심을 해결하는 것이요
세 번째는 괴로움의 희망을 뽑아 제멸하는[131] 것이요
네 번째는 애착을 멸제하는 곳을 증득하는[132] 까닭이다.

鈔

初句總下는 釋此十句에 總有三勢나 皆有總別이라 第一은 行願俱起釋이니 初總餘別이라 別中展轉相釋이니 文勢可知라

131 괴로움의 희망을 뽑아 제멸한다고 한 것은 경문에 일체 희망을 뽑아 제멸하기 위한 까닭이라 한 것이다.

132 애착을 멸제하는 곳을 증득한다고 한 것은 경문에 일체 애착하는 곳을 멸제하여 무너뜨리기 위한 까닭이라 한 것이다.

처음 구절은 총구라고 한 아래는 이 열 구절을 해석함에 모두 세 가지 문세가 있지만 다 총·별이 있다.
첫 번째는 행·원을 함께 일으키게 함을 해석한 것이니
처음 구절은 총구이고, 나머지 아홉 구절은 별구이다.
별구 가운데는 전전展轉히 상관하여 해석하였으니[133] 문세는 가히 알 수가 있을 것이다.

疏

又成菩薩行은 具悲智也라 具此悲智는 何所爲耶아 令佛種不斷이라 佛種不斷은 有何相耶아 謂成三德이니 救護衆生하야 成就恩德하고 永斷煩惱하야 成於斷德하고 了知諸行하야 成於智德이라 諸行有三하니 一者는 心行이요 二는 所行行이요 三은 所了行이니 謂一切行의 無常無相이 卽所了也라 云何救護고 演說諸法이라 云何永斷고 淨諸雜染이니 永斷煩惱는 種現雙亡이요 除諸雜染은 謂唯現惑이라 云何成智고 謂永斷疑網이라 智成何益고 斷諸希望이라 惑除何益고 滅諸愛著이라 一切著者는 著有著空하며 著行著果니 不著諸法하면 正智現前하고 悲救衆生하야 佛種不斷하리니 是菩薩之要也며 諸佛之本意也라 所陳諸問에 一一皆有斯益이라

또 보살행을 성취케 한다고 한 것은 자비와 지혜를 구족한 것이다.
이 자비와 지혜를 구족하는 것은 무슨 까닭인가.

133 상관하여 해석하였다고 한 것은 묻고 답하는 형식으로 해석하였다는 뜻이다.

부처님의 종성으로 하여금 끊어지지 않게 하는 것이다.

부처님의 종성으로 하여금 끊어지지 않게 하는 것은 어떤 모습이 있는가.

말하자면 삼덕을 성취하는 것이니 중생을 구호하여 은덕을 성취하고, 번뇌를 영원히 끊어 단덕을 성취하고, 모든 행을 알아 지덕을 성취하는 것이다.

모든 행에 세 가지가 있나니

첫 번째는 심행[134]이요,

두 번째는 소행所行의 행[135]이요,

세 번째는 소요所了의 행[136]이니 말하자면 일체행이 영원함이 없고 모습이 없는 것이 곧 소요이다.

어떻게 구호하는가.

모든 법을 연설하는 것이다.

어떻게 영원히 끊는가.

모든 잡되고 오염된 것을 깨끗이 하는 것이니,

번뇌를 영원히 끊는다고 한 것은 종자와 현행을 함께 잊는 것이요 모든 잡되고 오염된 것을 제멸한다고 한 것은 말하자면 오직 현행혹만 제멸하는 것이다.

어떻게 지혜를 성취하는가.

---

134 심행은 중생의 심행이다.

135 소행所行의 행은 육바라밀이다.

136 소요所了의 행은 일체 행을 모두 잡아 말한 것이다. 이상은 다 『잡화기』의 말이다.

말하자면 의심의 그물을 영원히 끊는 것이다.
지혜를 성취하면 무슨 이익을 얻는가.
모든 희망을 끊는 것이다.
미혹을 제멸하면 무슨 이익을 얻는가.
모든 애착을 제멸하는 것이다.
일체 애착이라고 한 것은 유에 집착하고 공에 집착하며 행에 집착하고 과보에 집착하는 것이니,
모든 법에 집착하지 않는다면 바른 지혜가 앞에 나타나고 대비로 중생을 구호하여 부처님의 종성이 끊어지지 않게 되리니,
이것이 보살의 요체이며 모든 부처님의 본래의 뜻이다.
진술한 바 모든 질문에 낱낱이 다 이와 같은 이익이 있는 것이다.

鈔

三에 佛種不斷下는 八句가 皆釋不斷之相이라 於中四意니 初三은 正釋不斷이니 謂成就三德이 是不斷相이라 智成何益下는 顯三德益이라 經但二句나 含於三義니 初는 明智德益이요 後에 惑除何益下는 以滅愛著處句로 雙成二益이니 若著諸法인댄 正智不生하고 若著於空인댄 不能悲救나 今空有無滯일새 故能滅惑하야 成智起悲하야 不斷佛種이라

세 번째 부처님의 종성[137]으로 하여금 끊어지지 않게 한다고 한

137 세 번째 부처님의 종성 운운한 것은 첫 번째는 보살행을 성취케 한다 운운한

아래는 여덟 구절이[138] 다 끊어지지 않는 모습을 해석한 것이다.
그 가운데 네 가지 뜻이 있나니
처음에 세 구절은 끊어지지 않게 함을 바로 해석한 것이니
말하자면 삼덕을 성취하는 것이 이것이 끊어지지 않게 하는 모습이다.
지혜를 성취하면 무슨 이익을 얻는가라고 한 아래는 삼덕의 이익을 나타낸 것이다.
경문에는 다만 두 구절뿐[139]이지만 세 가지 뜻을 포함하였으니
처음에는 지덕의 이익을 밝힌 것이요
뒤에 미혹을 제멸하면 무슨 이익을 얻는가라고 한 아래는 애착하는 처소를 제멸하는 구절로써 두 가지 이익[140]을 함께 성취하는 것이니
만약 모든 법에 집착하면 바른 지혜가 생기지 않고, 만약 공에 집착하면 능히 대비로도 구호할 수 없을 것이지만, 지금에는 공空

것이요, 두 번째는 자비와 지혜를 구족한다 운운한 것이요, 세 번째는 바로 여기 말한 것과 같다. 소문을 잘 살펴볼 것이다.

138 여덟 구절이란, 경문에 영여래종성부단令如來種性不斷부터 발제일체희망拔除一切希望까지이다.

139 다만 두 구절뿐이라고 한 것은 경문에 일체 희망을 뽑아 제멸한다고 한 것과 일체 애착하는 곳을 멸제하여 무너뜨린다고 한 것이다.

140 두 가지 이익이라고 한 것은 지익智益과 은익恩益이니 지익은 지혜를 성취하고 은익은 대비를 일으키는 것이다. 비록 멸혹滅惑의 뜻이 있지만 단 자비와 지혜만 맺어 성립하고자 하는 까닭으로 단덕斷德은 배속하지 않는다. 『잡화기』는 지혜를 성취한다고 한 것은 지익이고, 대비를 일으킨다고 한 것은 은익이라 하여 말이 바뀌었으나 그 뜻은 같다 하겠다.

과 유有에 막힘이 없기에 그런 까닭으로 능히 미혹을 제멸하여 지혜를 성취하고 대비를 일으켜 부처님의 종성이 끊어지지 않게 하는 것이다.

疏

又釋건대 一切菩薩은 是所成就라 云何成就고 不斷佛種은 卽自成就요 救護衆生은 成就於他라 云何救護고 謂離二障이니 永斷煩惱는 無煩惱障이요 了知一切는 無所知障이라 以何方便으로 能斷二障고 謂說諸法이라 此煩惱障은 其相云何고 謂愛與見이니 除諸雜染은 絶愛煩惱요 永斷疑網은 絶見煩惱라 此所知障은 其相云何고 謂於境不了하야 有所希望하며 法執未忘하야 一切生著이라 今相無不了어니 何所希望하며 達法性空거니 當何所著이리요 二障旣寂하고 二智現前하면 成菩提涅槃이니 謂不斷佛種이 則菩薩成就矣니라

또 해석하건대 일체 보살[141]이라고 한 것은 이것은 성취할 바이다.
어떻게 성취하는가.
부처님의 종성이 끊어지지 않게 한다고 한 것은 곧 보살이 스스로 성취하는[142] 것이요

141 또 해석하건대 일체 보살 운운한 것은 경문의 제일구를 다시 해석한 것이니 앞에 두 가지 해석은 법을 잡은 것이고, 여기 해석은 사람(보살)을 잡은 것이다. 앞에 두 가지 해석이란 『잡화기』의 말이다.

중생을 구호한다고 한 것은 다른 이를 성취케 하는 것이다.
어떻게 구호하는가.
말하자면 이장을 떠나게 하는 것이니,
번뇌를 영원히 끊게 한다고 한 것은 번뇌장을 없게 하는 것이요
일체행을 요달하여 알게 한다고 한 것은 소지장을 없게 하는 것이다.
무슨 방편으로 능히 이장二障을 끊게 하는가.
말하자면 모든 법을 연설하는 것이다.
이 번뇌장은 그 모습이 어떠한가.
말하자면 애愛의 번뇌와 더불어 견見의 번뇌이니
모든 잡되고 오염된 것을 깨끗이 제멸한다고 한 것은 애의 번뇌를 끊게 하는 것이요
의심의 그물을 영원히 끊게 한다고 한 것은 견의 번뇌를 끊게 하는 것이다.
이 소지장은 그 모습이 어떠한가.
말하자면 경계를 알지 못하여 희망하는 바가 있으며 법에 집착하여 잊지 못하여 일체에 집착하는 마음을 내는 것이다.
지금에는 그 모습을 알지 못함이 없거니 어찌 희망하는 바가 있으며,
법성이 공함을 요달하였거니 마땅히 어찌 집착할 바가 있겠는가.
이장二障이 이미 고요하고 이지二智가 앞에 나타나면 보리와 열반을 성취할 것이니

142 스스로 성취한다고 한 것은 보살이 스스로 성취함을 얻는 것을 말하는 것이니, 이미 부처님의 종성으로 하여금 끊어지지 않게 하는 것이 곧 이것이 스스로 성취하는 뜻이다고 『잡화기』는 말하고 있다.

말하자면 부처님의 종성이 끊어지지 않게 하는 것이 곧 보살이 성취할 바이다.

鈔

二障既寂은 通後七句니 卽二障除하면 能成二智니 除煩惱障하면 根本智現하고 除所知障하면 後得智現이라 卽此二智는 亦爲能寂이요 菩提涅槃은 卽是所成이니 煩惱障斷하면 成於涅槃하고 所知障斷하면 成於菩提니 此는 結利他意요 則不斷佛種은 結歸自利요 菩薩成矣는 結歸總句라

이장이 이미 고요하다고 한 것은 뒤에 일곱 구절을 통석한 것이니 곧 이장을 제멸하면 능히 이지二智를 성취할 것이니 번뇌장을 제멸하면 근본지가 나타나고, 소지장을 제멸하면 후득지가 나타날 것이다. 곧 이 이지二智는 또한 능적能寂이 되고,[143] 보리와 열반은 곧 소성所成이 되나니

번뇌장을 끊으면 열반을 성취하고, 소지장을 끊으면 보리를 성취할 것이니 이것은 이타의 뜻을 맺은 것이요

곧 부처님의 종성이 끊어지지 않게 한다고 한 것은 자리에 돌아감을 맺은 것이요

보살이 성취할 바라고 한 것은 총구에 돌아감을 맺은 것이다.

---

143 능적能寂이 된다 운운한 것은 능적으로써 소적을 그윽이 나타내고 소성으로써 능성을 그윽이 나타내는 것이다. 혹 능적이라 한 적寂 자는 성成 자의 잘못으로 보기도 한다.

經

說諸菩薩의 十住와 十行과 十迴向과 十藏과 十地와 十願과 十定과 十通과 十頂하시며

모든 보살의 십주와 십행과 십회향과 십장과 십지와 십원과 십정과 십통과 십정十頂[144]을 연설하시며

疏

第二에 說諸菩薩下는 擧彼所說이라 文分爲二리니 初十句는 問因이요 後二十句는 問果이라 今初文有九句하니 昔云호대 欠第九十忍一句라하니라 又以十信은 自不成位하고 是住方便이니 攝在住中일새 故不別問이라

제 두 번째 모든 보살이라고 한 아래는 저 부처님이 설하신 바를 거론한 것이다.
경문을 나누어 두 가지로 하리니
처음에 열 구절은 원인을 물은 것이요
뒤에 이십 구절은 과보를 물은 것이다.
지금은 처음으로 경문에 아홉 구절이 있나니,
옛날 사람이 말하기를 제 아홉 번째 십인十忍이라는 한 구절이 빠졌다

144 십정十頂은, 청량淸凉스님은 십인十忍이라 하였다.

하였다.

또 십신은 스스로 지위를 이루지 못하고 이 십주를 이루는 방편이니 십주 가운데 함섭하여 있기에 그런 까닭으로 따로 질문하지 아니하였다.

鈔

又以十信下는 出其所以니 不開十信인댄 則不合問信이요 下有忍品일새 故知脫忍이라

또 십신이라고[145] 한 아래는 두 번째 그 까닭을 설출한 것이니, 십신을 개시하지 아니하였다면 곧 십신을 묻는 것이 합당하지 않는 것이요
아래에 십인품이 있기에 그런 까닭으로 십인품이 빠진 것인 줄 알아야 할 것이다.

疏

故仁王經敎化品云호대 伏忍聖胎三十人은 十信十止十堅心이

145 또 십신이라고 한 등은, 혹 십신이 빠진 것으로써 말한다 할까 염려한 까닭으로 이 가운데 십신이 빠진 것이 아님을 밝혀 위에 십인이라는 구절이 빠진 까닭을 성립하는 것이다. 다 『잡화기』의 말이다.

라하니 故로 信住不分也니라 有四義故로 信不入位하니 一은 進退不定故요 二는 雜修十心하야 無定階降故요 三은 未隨法界하야 修廣大行故요 四는 未得法身하야 顯佛種性故라 由斯不開十信하고 則成此會와 及第三會에 俱答十住問也라 十行은 第四會答하고 十迴向은 第五會答하고 十藏은 第四會中答하니라 以藏有二義하니 一은 收攝義니 謂收攝諸行하야 以用迴向일새 故答在迴向之前하니라 二는 出生義니 以出生地上證智일새 故問이 居迴向之後니라 十地는 第六會答하고 十願은 初地中答하고 十定十通은 第七會答하니 各有自品이라 十頂一種은 答文不顯일새 古有多釋하니 一云호대 準梵網經說인댄 十忍後에 有心地法門일새 卽此十頂이라하니 理亦可通이라 但彼經說處가 乃有十호대 初에 無菩提場會하고 但云호대 方坐千光王座와 及妙光堂하야 說十世界海라하며 其二三四는 與此三四五會로 處法全同하고 他化十地도 次第亦同하니라 而化樂天에 說十禪定하고 初禪에 說十金剛心하고 二禪에 說十願하고 三禪에 說十忍하고 四禪의 摩醯首羅宮에 說我本源인 蓮華藏世界에 盧舍那佛이 所說心地法門이나 不云重會普光과 及祇園重閣하고 次第도 又別하니 難可會通이라 又此中問因하고 後更有果問일새 故彼佛心地는 卽後如來地等이요 非十頂也니라

그런 까닭으로 『인왕경』 교화품에 말하기를 성태에 복인하는[146] 삼십 사람은 십신과 십지十止와 십견심十堅心이다 하였으니

146 복인성태伏忍聖胎라고 한 것은 성태에 복인하는 사람이다.

그런 까닭으로 십신과 십주를[147] 나누지 아니하였다.[148]
네 가지 뜻이 있는 까닭으로 십신을 지위에 넣지 아니하였으니
첫 번째는 나아가고 물러남을 결정할 수 없는 까닭이요
두 번째는 십심十心을 함께 닦아 오르고 내림을 결정할 수 없는 까닭이요
세 번째는 법계에 수순하지 못하여 광대한 행을 닦는 까닭이요
네 번째는 법신을 얻지 못하여 부처님의 종성을 나타내는 까닭이다.
이런 뜻을 인유하여 십신을 개시하지 않고 곧 이 회와 그리고 제삼회에서 십주의 물음에 함께 답한[149] 것을 성립하였다.
십행은 제사회에서 답하고, 십회향은 제오회에서 답하고, 십장은 제사회 가운데서 답하였다.
장藏에 두 가지 뜻이 있나니
첫 번째는 거두는 뜻이니 말하자면 모든 행[150]을 거두어 회향에 이용하기에 그런 까닭으로 답이 십회향 앞에 있는 것이다.
두 번째는 출생하는 뜻이니 지상地上에서 증득한 지혜를 출생하기에 그런 까닭으로 질문이 십회향 뒤에 있는 것이다.

---

147 『잡화기』에 말하기를 십신 운운은 차례와 같이 이 십주·십행·십회향이다. 소본에는 바로 말하기를 십주·십행·십회향이니, 그런 까닭으로 십신과 십주를 나누지 않는 줄 알아야 할 것이다 하니 저 『인왕경』을 의지하는 것이 옳다 하였다.

148 원문에 불분不分이라 한 아래에 어떤 본엔 유의운有義云이라는 세 글자가 있기도 하나 소본엔 없다. 이 영인본도 없다.

149 함께 답하였다고 한 것은 십주의 물음에 십신을 함께 답하였다는 것이다.

150 모든 행이란, 십행이다.

십지는 제육회에서 답하고 십원은 초지 가운데서 답하고 십정과 십통은 제칠회에서 답하였으니 각각 자기 품이 있는 것이다.[151]
십정十頂의 한 가지는 답한 문장이 나타나지 않기에 고래로 많은 해석이 있었으니
첫 번째는 이르기를 『범망경』을 기준하여 말한다면 십인품 뒤에 십지법문이 있기에[152] 곧 이것은 십정十頂이라 하였으니
이치는 또한 가히 통한다 할 것이다.
다만 저 경은 설처가 이에 열 곳이 있으되 처음에 보리장회가 없고 다만 말하기를 바야흐로 천광왕의 자리와 그리고 묘광당에 앉아 십세계해를 설한다 하였으며
그 경의 이회·삼회·사회는 여기에 삼회·사회·오회로 더불어 처소와 법문이 온전히 같고 타화천에서 십지를 설한 것도 차례가 또한 같다.
화락천에서 십선정을 설하고, 초선천에서 십금강심을 설하고, 이선천에서 십원을 설하고, 삼선천에서 십인을 설하고, 사선천의 마예수라궁전에서 나의 본원인 연화장세계 노사나 부처님께서 설하신

---

151 각각 자기 품이 있다고 한 것은 십원은 자기 품이 없고 십지 속에 있다는 것을 역으로 말하고 있다.

152 십인품 뒤에 심지법문이 있다고 한 등은 이미 저 『범망경』이 십인품 뒤에 심지법문이 있기에 마땅히 이 『화엄경』도 십인품 뒤에 아승지품 등 삼품三品으로 모두 다 십정을 삼는 것이다. 그러나 십인을 섭수하지 못한 까닭으로 저 『범망경』에서 편 바 정의正義와는 다른 것이다. 이상은 다 『잡화기』의 말이다.

바 심지법문을 설한다 하였으나, 증회 보광과 그리고 기원증각을 말하지 않고 차례도 또한 다르니 가히 회통하기가 어려운 것이다. 또 이 가운데 원인을 묻고 뒤에 다시 과보의 물음이 있기에 그런 까닭으로 저 『범망경』에 부처님의 심지는 곧 『화엄경』의 최후 여래지라 한 등이고 십정은 아니다.

鈔

三에 但彼經下는 以文奪破라 言其二三四는 與此三四五會로 處法全同者는 此是第三會가 在忉利하고 四在夜摩하고 五在兜率거니와 彼第二가 卽在忉利하니 故彼說十世界海竟하고 卽云호대 次於忉利에 說十住法하고 次至夜摩하야 說十行法하고 次至兜率하야 說十迴向이라하니 斯則處法全同하고 次第不同하니라 彼二此三이며 彼三此四며 彼四此五니 以前加菩提場故니라 言他化十地도 次第亦同者는 亦是第六에 在他化自在天하야 說十地故니라 由彼不越第五의 化樂天故로 說地亦第六이니 故彼文云호대 次至化樂天宮하야 說十禪定하고 次至他化自在天宮하야 說十地하고 次至初禪하야 說十金剛心하고 次至二禪하야 說十願하고 次至三禪하야 說十忍하고 次至第四禪의 摩醯首羅宮하야 說我本原인 蓮華藏世界에 盧舍那佛所說인 心地法門이라하니라 故總收之인댄 四例不同하니 一은 菩提普光의 二會不分일새 則開合不同이요 二는 次第不同이요 三은 有無不同이니 此經은 四禪無說거늘 彼皆有說하고 此有重會거늘 彼無重會라 四는 彼經一處에 說一法門거늘 此則四六에 兼二하고 七兼於三하니 以

斯四義故로 難會通이라 又此中問下는 縱成以破니 設汝欲將心地法門하야 例同此者라도 此中說果가 應爲心地어니 何得用頂이리요 上一師義는 竟이라

세 번째 다만 저 경이라고 한 아래는 저 경문을 빼앗아 파한 것이다. 그 경의 이회·삼회·사회는 여기에 삼회·사회·오회로 더불어 처소와 법문이 온전히 같다고 한 것은 여기에는 제삼회가 도리천에 있고 제사회가 야마천에 있고 제오회가 도솔천에 있거니와, 저 경에는 제이회가 도리천에 있나니 그런 까닭으로 저 경에 십세계해를 설하여 마치고 곧 말하기를 다음에 도리천에서 십주법을 설하고
다음에 야마천에 이르러 십행법을 설하고
다음에 도솔천에 이르러 십회향을 설한다 하였으니,
이것은 처소와 법문은 온전히 같고 차례는 같지 않는 것이다.
저 경에 제이회[153]는 이 경의 제삼회이며,
저 경의 제삼회는 이 경의 제사회이며,
저 경의 제사회는 이경의 제오회이니
전회(一會)는 보리장을 더한 까닭이다.
타화천에서 십지를 설한 것도 차례가 또한 같다고 한 것은 역시 제육천의 타화자재천에 있으면서 십지를 설한 까닭이다.

---

153 저 경에 제이회 운운한 것은 저 『범망경』은 제이회가 도리천이고 이 『화엄경』은 제삼회가 도리천이다. 저 『범망경』은 제삼회가 야마천이고 이 『화엄경』은 제사회가 야마천이다. 저 『범망경』은 제사회가 도솔천이고 이 『화엄경』은 제오회가 도솔천이다.

저 경은 제오천의 화락천을 넘지 아니함을 인유한 까닭으로[154] 십지를 설한 것도 또한 제육천에서 설한 것이니,

그런 까닭으로 저 경문에 말하기를 다음에 화락천궁에 이르러 십선정을 설하고,

다음에 타화자재천궁에 이르러 십지를 설하고,

다음에 초선천에 이르러 십금강심을 설하고,

다음에 이선천에 이르러 십원을 설하고,

다음에 삼선천에 이르러 십인을 설하고,

다음에 사선천의 마예수라궁에 이르러 나의 본원인 연화장세계 노사나 부처님께서 설하신 바 심지법문을 설한다 하였다.

그런 까닭으로 모두 거두어 본다면 네 가지 예가 같지 않나니

첫 번째는 보리장과 보광당의 두 회를 나누지 아니하였기에 곧 열고 합하는 것이 같지 않는 것이요

두 번째는 차례가 같지 않는 것이요

세 번째는 있고 없는 것이 같지 않는 것이니

이 『화엄경』에는 사선천에서 설한 것이 없거늘 저 경에는 다 설한 것이 있고, 이 『화엄경』에는 중회重會가 있거늘 저 경에는 중회가

---

154 저 경은 제오천의 화락천을 넘지 아니함을 인유한 까닭이라고 한 등은, 만약 저 『범망경』에 화락천을 넘는 것을 설하지 아니한 것이 한결같이 이 경과 같다면 곧 응당 타화자재천에 이르러 십정을 설하고 다음에 초선천에 태어나서 바야흐로 십지를 설해야 할 것이어늘, 지금에는 화락천을 넘지 아니한 까닭으로 십지를 설한 것도 또한 제육회에 해당하는 것이다. 이상은 역시 『잡화기』의 말이다.

없다.

네 번째는 저 경에는 한 곳에서 한 법문만을 설하였거늘 이 『화엄경』에는 사회·육회에서[155] 두 가지를 겸하여 설하였고 칠회에서 세 가지를 겸하여 설하였으니,

이 네 가지 뜻 때문에 회통하기가 어려운 것이다.

또 이 가운데 원인을 묻고 뒤에 다시 과보의 물음이 있다고 한 아래는 종縱으로[156] 성립하여 파한 것이니,

설사 그대가 심지법문을 가져 예例를 이 『화엄경』과 같게 할지라도 이 『화엄경』 가운데는 과위(如来果地)를 설한 것이 응당 심지가 되거니 어찌 십정을 이용함을 얻겠는가.

이상에 한 스님의 뜻은 마친다.

疏

有云호대 僧祇品答이니 以準瓔珞인댄 等覺에 別有頂位는 以因位窮終이요 今僧祇中에 說十大數는 數中之極일새 故云十頂이라하

155 사회·육회에서 운운한 것은 제사회에는 십행과 십장十藏을 겸하여 답하였고, 제육회에는 십지와 십원을 겸하여 답하였고, 제칠회에는 십정十定과 십통十通과 십인十忍을 겸하여 답하였으니 그런 까닭으로 두 가지를 겸하여 설하였고, 세 가지를 겸하여 설하였다고 한 것이다.

156 종縱으로 운운한 것은 종으로 성립하였다고 한 것은 이 가운데 원인을 묻고라고 한 아래 두 구절이고, 파한다고 한 것은 저 『범망경』에 부처님의 심지라고 한 아래에 세 구절이다.

니라 彼問雖十이나 答有多數하니 對上定通인댄 亦非其類일새 故不可也니라

어떤 사람이 말하기를 아승지품에서 답한 것이니
『영락경』을 기준한다면 등각等覺에 따로 정위頂位가 있는 것은 인위因位의 종극이요
지금 아승지품 가운데 십대수를 설한 것은 수數 가운데 종극이기에 그런 까닭으로 말하기를 십정十頂이라 한다 하였다.
저 아승지품 가운데[157] 질문은 비록 열 가지만 있지만 답은 많은 수가 있나니,
위에 십정과 십통을 상대한다면 또한 그 유형이 아니기에 그런 까닭으로 옳지 않는 것이다.

疏

有云호대 壽量品答이니 彼中에 十重佛土가 皆上爲下頂일새 極至賢勝佛刹하야 名爲十頂이라 又佛名第二에 名此十一世界하야 爲上首故니라 但擧此初後十一은 卽顯過百萬阿僧祇世界壽量之數에 此爲標首니 首卽頂故라하니라 然復彼無別問하니 似有少理나 但標此十界하야 將爲問端은 對十地等하면 甚不相例니라

---

157 저 아승지품 가운데 운운한 것은 내자권奈字卷 상권 사장四丈에 있나니 저 아승지품 가운데 질문한 바를 가리킨 것이다.

어떤 사람이 말하기를 여래수량품에서 답한 것이니,

저 수량품 가운데 십중불토[158]가 다 위에 것이 아래 것의 정상이 되기에 마지막 현승불찰에 이르러 이름을 십정이라 하였다.

또 『불명경』 제이권에 이 십일세계를 이름하여 상수를 삼은 까닭이다.

다만 이 처음과 뒤에 십일세계十一世界[159]를 거론한 것은 곧 백만 아승지 세계 수량의 수를 지남에 이것이 상수를 표함이 됨을 나타낸 것이니

수首는 곧 정頂인 까닭이다 하였다.

그러나 다시 저 수량품에는 따로 질문한 것이 없으니 조금 일리가 있는 것 같으나, 다만 이 십세계를[160] 표하여 장차 질문의 단서를

---

158 십중불토十重佛土라고 한 것은 저 수량품에는 十一重佛土가 있으나 단 第一佛土는 가히 아래 相對할 것이 없는 까닭으로 頂上이 됨을 얻을 수 없는 것이다고 『잡화기』는 말한다.

159 십일세계十一世界라고 한 것은 경문 가운데 처음에 십세계를 열거하고 다음에 백만 아승지 세계를 지나 최후의 세계를 현승賢勝이라 하였으니 처음에 십세계와 뒤에 (최후) 한 세계로써 십일세계라 말한 것이다. 여래수량품에 십일세계를 말하되 一은 사바세계요, 二는 안락(극락) 세계요, 三은 가사당袈裟幢 세계요, 四는 불퇴륜음성不退輪音聲 세계요, 五는 이구離垢 세계요, 六은 선등善燈 세계요, 七은 묘광명妙光明 세계요, 八은 난초과難超過 세계요, 九는 장엄혜莊嚴慧 세계요, 十은 경광륜鏡光輪 세계요, 十一은 백만억 아승지 세계를 지나 승준세계勝遵世界라 하였다. 그러나 이 십일세계로 백만 아승지의 수首를 삼는 까닭으로 정頂이라 말하지만 정상頂相과 정수頂數는 정명正明 가운데 뜻으로 더불어 조금 다르다. 『잡화기』도 이 뜻을 벗어나지 않는다.

160 다만 이 십세계 운운한 것은 만약 저 가운데 십세계가 이 가운데 십정十頂이라

삼는 것은 십지 등을[161] 대조하여 보면 십히 서로 예例가 되지 않는다 하겠다.

鈔

但擧此初下는 三에 遮難이니 恐有難云호대 今經百萬阿僧祇重을 何以證成十界之義고할새 故爲此通하니라

다만 이 처음과 뒤에 십일세계를 거론한 것이라고 한 아래는 세 번째 비난함을 막는 것이니,
어떤 사람이 비난하여 말하기를 금경今經의 백만 아승지 중 중을 무슨 까닭으로 십세계의 뜻으로 증거하여 성립하는가 할까 염려하기에 그런 까닭으로 이 통석을 한 것이다.

疏

今謂新舊梵本엔 俱無忍問하고 答中卽有하니 故知彼忍이 卽此頂也니라 言十頂者는 因位終極이니 十定十通이 皆等覺位어늘 十

고 말한다면 경중經中에 이미 백만 아승지 세계가 있어야 하거늘 다만 십세계로써 장차 질문의 단서를 삼은 것은 십지 등의 문십問十과 답십答十의 예로 더불어 같지 않는 것이다. 그러나 이것은 막을 바 비난(묻다)하는 뜻으로 더불어 다름이 있나니 생각할 것이다. 이것은 『잡화기』의 말이다.

161 십지 등 운운한 것은 십지품 등에 문십問十과 답십答十의 예로 더불어 같지 않다는 것이다.

忍居後일새 又得頂名이라 問中엔 約位終極일새 故名爲頂이요 答據法門忍受하야 以智印定일새 故云忍也라하니라 非位終極이면 不具十忍이요 非有十忍이면 不極因位니 二文更顯하니라 故十忍品末云호대 通達此忍門하면 成就無礙智하야 超過一切衆하야 轉於無上輪等이니 旣言超過인댄 卽是頂義니라 亦猶四善根中에 忍頂法門으로 義相類故니라 不爾인댄 忍無別問거늘 空答何爲리요 設欲成十인댄 應脫十信하리라 十信은 雖未成位나 亦隨法界하야 修廣大行하며 德用殊勝일새 別一會答하니 應有問故니라 若將十忍已下四品하야 共答頂問인댄 於理無失이니 俱是等覺之終極故니라

지금에 말하기를 신·구 범본에는 함께 십인의 물음이 없고 답 중에만 곧 있나니,
그런 까닭으로 저기에 십인이 곧 여기에 십정인 줄 알 수 있을 것이다.
십정이라고 말한 것은 인위因位의 종극이니 십정·십통이 다 등각위等覺位에 있거늘 십인이 뒤에 있기에 또한 정頂이라는 이름을 얻은 것이다.
묻는 가운데는 인위의 종극을 잡았기에 그런 까닭으로 이름을 십정이라 하였고
답한 가운데는 법문을 알아 받아들여 지혜로써 인정印定함을 의거하였기에 그런 까닭으로 말하기를 십인이라 하였다.
인위의 종극이 아니면 십인을 구족할 수 없고

십인이 있지 아니하면 인위를 다할 수 없나니
두 문장이 다시 밝게 나타났다 하겠다.
그런 까닭으로 십인품 말에 말하기를 이 인문忍門을 통달하면 걸림 없는 지혜를 성취하여 일체중생을 뛰어넘어 무상법륜을 전할 것이다 한 등이니
이미 뛰어넘었다고 말하였다면 곧 이것은 정頂의 뜻이다.
또한 오히려 사선근[162] 가운데 인忍과 정頂의 법문으로 뜻이 서로 유사한 까닭이다.
그렇지 않다면 십인은 따로 질문한 것이 없거늘 공연히 답한들 무엇 하겠는가.
가령 십十을 이루고자 한다면 응당 십신을 빼야 할 것이다.[163]
그러나 십신은 비록 지위를 이루지는 못하지만[164] 또한 법계를 따라 광대한 행을 닦으며 공덕의 작용이 수승하기에 따로 일회一會에서 답하였으니,
응당 십신에 대한 질문이 있어야 하는 까닭이다.
만약 십인 이하에 사품四品을 가져 십정에 대한 질문에 함께 답한 것이라고 한다면 저 이치에 허물이 없을 것이니,

---

162 사선근은 사가행四加行이다.

163 가령 십十을 이루고자 한다면 응당 십신을 빼야 할 것이라고 한 것은 경문에 십주, 십행, 십향, 십장, 십지, 십원, 십정十定, 십통, 십정十頂을 합하면 구九이니 십十을 이루고자 한다면 십신을 빼고 십인을 더해야 한다는 것이다.

164 십신은 비록 지위를 이루지는 못하지만이라고 한 아래는 위에 비난(질문)을 회통한 것이다.

모두 이것은 등각의 종극인 까닭이다.

鈔

設欲已下는 六에 釋無十難이라 難云호대 若闕忍問인댄 十句卽圓거니와 若以忍答頂인댄 句則唯九일새 故今答云호대 脫於十信이라하니 十句成矣니라 十信雖未成下는 七에 會通上難이라 難云호대 我先二義로 不開十信하니 一은 文證이요 二는 理證이라 今欲開信인댄 雙乖文理니라 故今通之호대 乃有數意하니 一은 對前立理니 前明闕於四義하야 不立信位어니와 今明不必成位라도 四義無遺이라 二에 德用殊勝下는 上以文證일새 今亦文答이니 上引은 但明信住不開요 今明何必要開리요만은 而不妨有問이라 何者오 十願十藏은 非是別位나 得爲問端이니 信不成位라하야 何妨有問이리요 又藏願等은 寄他會答이나 尙有別問거든 十信法門은 別一會答하야 解行德能인 三品宏深거니 豈合無問이리요 若將下는 第二에 會通以四品으로 答於頂問이라 以信住行等이 皆有多品하니 總將四品하야 共答頂問이 於理無違니라 若爾인댄 古以僧祇壽量으로 而答頂問도 應不乖理리라 彼以局取하고 又不收忍거니와 今總收四하니 與昔全乖니라 頂乃通名이요 忍等別稱일새 故不同也니 此解最妙니라 亦能傍通一難이니 難云호대 引四善根의 忍頂不同거늘 今何將忍하야 以酬頂問고 今爲總釋하리니 則以等覺은 因位之極으로 通稱爲頂이언정 不全同四하나니 故上引云호대 義相類故라하니라

가령 십十을 이루고자 한다면이라고 한 이하는 여섯 번째 십十이 못 된다고 비난함을 통석한 것이다.

비난하여 말하기를 만약 십인[165]에 대한 질문이 빠졌다면 십구十句가 원만하거니와, 만약 십인으로써 십정을 답한 것이라고 한다면 구절은 곧 오직 아홉 구절뿐이기에 그런 까닭으로 지금에 답하여 말하기를 십신을 뺀다 하였으니 십구가 이루어지는 것이다.

십신은 비록 지위를 이루지는 못하지만이라고 한 아래는 일곱 번째 위에서 비난한 것을 회통하는 것이다.

비난하여 말하기를 내가 먼저 두 가지 뜻으로 십신을 열지 아니하였으니

첫 번째는 문증文證[166]이요,

두 번째는 이증理證[167]이다.

지금에 십신을 열고자 한다면 문증과 이증을 둘 다 어기는 것이다.

그런 까닭으로 지금에 통석하되 이에 몇 가지 뜻이 있나니

첫 번째는 앞을 상대하여 이치를 세운 것이니,

앞에서는 네 가지 뜻이 빠져[168] 십신이 위位가 됨을 성립할 수 없다고 밝혔거니와 지금에는 반드시[169] 지위를 이루지 못한다 할지라도

---

165 십정十頂이라 한 정頂 자는 인忍 자의 잘못이다.

166 문증文證이라고 한 것은 경문으로 증거하는 것이니, 능전能詮의 문자이다.

167 이증理證이라고 한 것은 의리義理이니 소전所詮의 뜻이다.

168 앞에서는 네 가지 뜻이 빠져라고 한 등은 앞에 네 가지 뜻이 있는 까닭으로 십신은 지위에 들어가지 않는다고 한 것을 말하고 있다. 영인본 화엄 4책, p.352, 3행에 있다.

네 가지 뜻이 유실함이 없음을 밝힌 것이다.

두 번째 공덕의 작용이 수승하다고 한 아래는 이 위에는 경문으로써 증거(文證)하였기에 지금에도 또한 경문으로써 답하는 것이니, 위에서 인용한 것은 십신과 십주를 열지 아니함을 밝혔고, 지금에는 하필 열기를 요망하리요만은 질문이 있음에 방해롭지 아니함을 밝힌 것이다.

무엇 때문인가.

십원과 십장은 따로 지위를 묻지 아니하였지만 질문의 단서가 됨을 얻은 것이니,

십신이 지위를 이루지 못한다 하여 어찌 질문이 있음에 방해롭겠는가.

또 십장과 십원 등은 다른 회를 의지하여 답하였지만 오히려 따로 질문한 것이 있거든, 십신 법문은 따로 일회에서 답하여 해解와 행行과 덕德[170]의 공능(能)인 삼품이 넓고도 깊거니 어찌 합당히 질문이 없겠는가.

---

169 지금에는 반드시 운운한 것은 지금에는 설사 네 가지 뜻이 빠져 십신이 지위에 들지 못한다 하더라도 네 가지 뜻이 유실함이 없는 것이다. 왜인가. 법계를 따라 광대한 행을 닦고 묘한 작용이 수승하기에 일회一會에 별달리 답하였다. 따라서 십신도 응당 지위에 속하나니 지금에 십신도 물어야 한다.

170 해解·행行·덕德이라고 한 것은 해는 문명품이고, 행은 정행품이고, 덕은 현수품이다.

만약 십인 이하에 사품을 가져서라고 한 아래는 제 두 번째 사품으로써 십정의 질문에 답함을 회통한 것이다.

십신과 십주와 십행 등이 다 여러 품이 있나니

사품을 모두 가져 십정의 물음에 함께 답한 것이 이치에 어긋남이 없는 것이다.

만약 그렇다면 고인이 아승지품과 여래수량품으로써 십정의 질문에 답한 것도 응당 이치에 어긋남이 없을 것이다.

저는 국局으로써 취하고 또한 십인을 거두지 아니하였거니와 지금에는 총으로써 사품四品을 거두었으니 옛날 사람의 해석으로 더불어 온전히 어기는[171] 것이다.

십정은 이에 통명이고, 십인 등은 별칭이기에 그런 까닭으로 같지 않는 것이니

이 해석이 가장 묘한 것이다.

또한 능히 한 가지 비난을 곁으로 통석한 것이니,[172]

비난하여 말하기를 사선근에 인위忍位와 정위頂位가 같지 않다고 인용하였거늘 지금에는 어찌하여 십인을 가져 십정의 물음에 답한다

---

171 옛날 사람의 해석으로 더불어 온전히 어긴다고 한 것은 옛날 사람은 십인이 있어야 한다는 것이다. 그러나 청량스님은 십정에 십인을 포함시켜 십정은 통명이고, 십인은 별명이라 하였다.

172 또한 능히 한 가지 비난을 곁으로 통석한 것이라고 한 것은 소문 가운데 구시등각俱是等覺이라는 구절을 가리킨 것으로 다만 바른 해석이 아니라고 말한 것일 뿐이다. 그리고 또한 비난을 옆으로 통석한 것이기도 하다. 이상은 『잡화기』의 말이다.

하는가.
지금에 한꺼번에 해석하리니 곧 등각은 인위의 종극으로 통칭 정頂이라 하였을지언정 온전히 사가행과는 같지 않나니,
그런 까닭으로 위에서[173] 인용하여 말하기를 뜻이 서로 유사한 까닭이다 하였다.

173 그런 까닭으로 위에서라고 한 등은, 이미 말하기를 뜻이 서로 유사하다고 하였다면 곧 온전히 같지 않다는 뜻이 분명하다. 이 뜻은 응연함을 면할 수 없나니 굳이 자세하게 말하고자 한다면 또한 비난하는 뜻(묻는 뜻)은 위에 오히려 사선근이라는 말(두 줄 앞)을 의거할 것이다. 말하자면 이미 사선근과 같다고 말하였다면 사선근 가운데 인忍과 정頂의 이문二門이 같지 않거늘 지금에는 어찌하여 그렇지 않고 인이 곧 정이 된다 하는가. 사선근과 같다는 말은 성립할 수 없다 하기에, 그런 까닭으로 통석하여 말하기를 같다고 말한 바는 이에 부분적으로 같다는 것이고 온전히 같다는 것은 아니다. 무엇 때문인가. 다만 그 뜻이 유사한 한 뜻만 취하고 그 문門의 다른 모습의 뜻은 취하지 아니한 까닭이다. 그러한즉 그런 까닭으로 위에서(故上引云) 운운한 것은 같지 않는 까닭을 설출한 것이니, 위정爲頂'이라' 동사同事'하니' 吐라 할 것이다. 이 사기 처음에 이미 말하기를 운운으로 분명하다까지만 『잡화기』의 말이고, 그 다음에 이 뜻은 이하는 또 다른 고인의 사기이나 그 이름을 알 수가 없다.

經

及說如來地와 如來境界와 如來神力과 如來所行과 如來力과 如來無畏와 如來三昧와 如來神通과 如來自在와 如來無礙와

그리고 여래의 지위와 여래의 경계와 여래의 신력과 여래의 소행과 여래의 힘과 여래의 무외無畏와 여래의 삼매와 여래의 신통과 여래의 자재와 여래의 무애와

疏

第二에 二十句는 問所成果니 全同初會하니라 於中에 亦初十句는 明內德成滿이요 後十句는 體相顯著라 初中에 如來神力은 前會에 名佛加持니 卽神力加持故라 神通은 約外用無壅이요 神力은 約內有幹能이니 離世間品에 各有十事로대 其相自別이라 言無礙者는 謂如來所作을 無能障礙也라 上文에 名無能攝取等이니 義皆同也라

제 두 번째 이십 구절은 성취한 바 과보를 물은 것이니 온전히 초회와 같다.
그 가운데 또한 처음 열 구절은 안으로의 공덕이 성만함을 밝힌 것이요
뒤에 열 구절은 밖으로 체상이 분명함을 밝힌 것이다.
처음 가운데 여래의 신력이라고 한 것은 전회前會에 부처님의 가지加

持라고 이름한 것이니
곧 신력의 가피지력인 까닭이다.
신통은 밖으로의 작용이 막힘이 없음을 잡은 것이요
신력은 안으로 감당하는 능력[174]이 있음을 잡은 것이니
이세간품에 각각 십사가 있으되 그 모습이 스스로 다르다.

걸림이 없다고 말한 것은 말하자면 여래의 소작을 능히 장애할 수 없다는 것이다.
상문[175]에서는 이름을 무능섭취라고 한 등이니 그 뜻은 다 같다 하겠다.

---

174 원문에 간능幹能이라고 한 것은 일을 감당하는 능력이다.
175 상문이라고 한 것은 영인본 화엄 3책, p.427, 8행이다.

經

如來眼과 如來耳와 如來鼻와 如來舌과 如來身과 如來意와 如來辯才와 如來智慧와 如來最勝인달하야

여래의 눈과 여래의 귀와 여래의 코와 여래의 혀와 여래의 몸과 여래의 뜻과 여래의 변재와 여래의 지혜와 여래의 최승을 설하심과 같이

疏

後十中辯才는 是語業이요 智慧는 是意業이요 最勝은 是身業이니 準前會中인댄 唯欠佛光明之一句하고 餘如前釋하니라 其所答文도 亦如前引出現과 不思議와 相海品說거니와 但前總會일새 故引此文하니라 所引之文은 正答今問이니 說者는 宜重引之니라

뒤에 열 구절 가운데 변재는 이 어업語業이요,
지혜는 이 의업意業이요,
최승은 신업身業이니
전회前會 가운데를 기준한다면 오직 불광명佛光明이라는 한 구절만 모자라고 나머지는 앞에서 해석한 것과 같다.
그 답한 바 문장도 또한 앞에서[176] 출현품과 부사의품과 상해품을

176 앞에서 운운한 것은 앞이란, 영인본 화엄 3책, p.430이고 출현품은 같은

인용하여 설한 것과 같거니와, 다만 앞은 총회이기에 그런 까닭으로 이 경문만 인용하였다.

인용한 바 경문은 바로 지금의 물음을 답한 것이니

강설하는 사람은 마땅히 거듭 인용하여 볼 것이다.

책, p.432, 8행이고 부사의품은 같은 책, p.431, 1행이고 상해품은 같은 책, p.433, 9행이다.

經

願佛世尊도 亦爲我說하소서

원컨대 지금에 부처님 세존께서도 또한 우리들을 위하여 선설하소서.

疏

三에 願佛下는 結請이니 請同彼說일새 故致亦言이라 請分竟이라

세 번째 원컨대 부처님 세존이라고 한 아래는 청함을 맺는 것이니 저[177] 시방의 부처님과 같이 설하기를 청한 것이기에 그런 까닭으로 또(亦)라는 말을 이루는 것이다.

청분請分은 마친다.

177 피彼 자는 시방에 모든 부처님을 말한다.

經

爾時에 世尊이 知諸菩薩의 心之所念하시고 各隨其類하사 爲現神通하시니라

그때에 세존이 모든 보살들의 마음에 생각하는 바를 아시고 각각 그 유형을 따라 신통을 나타내셨습니다.

疏

第三은 說分이라 於中에 通下六會가 答此所問이니 準問長科하야 亦爲三分하리라 此初三品은 答所依果問이요 二에 問明已下는 答所修因問이요 三에 從不思議品下는 答所成果問이라 其平等因果는 因乃果中之因이요 果乃此果之用일새 故屬果收니라

제 세 번째는 설분說分이다.
그 가운데 통틀어 아래 육회가 여기에서 질문한 바를 답한 것이니 질문을 기준하여 크게 과목하여 또한 세 가지로 분류하겠다.
여기에 처음 삼품은 소의과所依果의 질문을 답한 것이요
두 번째 문명품 이하는 소수인所修因의 질문을 답한 것이요
세 번째 부사의품으로 좇아 아래는 소성과所成果의 질문을 답한 것이다.
그 평등인과[178]는 원인은 이에 과보 가운데 원인이요
과보는 이에 이 과보 가운데 작용이기에 그런 까닭으로 과보에

묶어 거두었다.

鈔

其平等因果下는 通妨難이라 難云호대 若依問爲三인댄 第三段은 唯合明果어늘 今有普賢行爲因하고 出現品爲果하니 自是一段은 平等因果라 何得皆將하야 答果問耶아할새 故爲此通하니라 旣因是得果하야 不捨之因인댄 卽果中因이며 亦是果攝일새 故屬第三의 所成果也니라 又古人이 以文從義하야 出此因果어니와 若疏本意인댄 全屬果也니 至下重明하리라

그 평등인과라고 한 아래는 방해하여 비난함을 통석한 것이다. 비난하여 말하기를 만약 물음을 의지하여 세 가지로 하였다면 제삼단은 오직 과보만을 밝혀야 합당하거늘 지금에는 보현행품으로 원인을 삼고 출현품으로 과보를 삼고 있으니,

이로부터 일단은 평등인과이다. 어찌 다 가져 과보의 물음에 답한 것이라고 함을 얻겠는가 하기에 그런 까닭으로 이 통석을 하였다. 이미 원인이 과보를 얻어 버리지 아니한 원인이라면 곧 과보 가운데 원인이며, 역시 과보에 섭수되기에 그런 까닭으로 제 셋째 소성과에 속하는 것이다.

또 고인古人[179]이 경문으로써 뜻을 좇아 이 평등인과를 설출하였거니

---

178 평등인과라고 한 것은 제칠회 십일품十一品 가운데 위에 구품九品은 차별인과이고, 아래 이품二品은 평등인과이다.

와 만약 소가疏家의 본래 뜻이라면 온전히 과보에 속한다 할 것이니 아래에 이르러 거듭 밝히겠다.

疏

初中分二하리니 先은 如來現相答이니 由其念請故며 又如來證窮故라 後는 文殊言說答이니 伴助主故며 假言顯故니라 今初分二하리니 一은 佛現神通이요 二는 衆海雲集이라 今初니 知其心念者는 領念請也요 現神通者는 示相答也라 各隨類者는 有其三義하니 一은 隨疑者의 所宜異故니 謂或示色令見케하며 以聲令聞케하며 冥資令曉가 皆是現通이니 以法界身으로 圓明頓現也라 二는 隨疑者의 流類別故요 三은 隨疑者의 所疑異故라

처음 가운데 두 가지로 분류하리니
먼저는 여래가 모습을 나타냄으로써 답한 것이니
그들이 염청念請함을 인유한 까닭이며 또 여래가 증득하여 다한 까닭이다.
뒤에는 문수가[180] 말로써 답한 것이니
반伴인 문수가 주主인 부처님을 도우는 까닭이며 말을 가자하여 나타내는 까닭이다.

---

179 고인古人은 여기서는 현수대사賢首大師이다. 『잡화기』는 다만 초가가 한 가지 뜻을 더한 것뿐이라고 말하였다.

180 뒤에는 문수 운운한 것은 영인본 화엄 4책, p.380, 말행이다.

지금은 처음으로 두 가지로 분류하리니
첫 번째는 부처님이 신통을 나타낸 것이요
두 번째는 대중이 구름처럼 모인 것이다.

지금은 처음으로 그 보살들의 마음에 생각하는 바를 안다고 한 것은 생각하는 것을 알아 청한 것이요
신통을 나타내었다고 한 것은 모습을 보여 답한 것이다.
각각[181] 그 유형을 따른다고 한 것은 그 기에 세 가지 뜻이 있나니
첫 번째는 의심하는 사람의 편의한 바를 따라 다른 까닭이니
말하자면 혹은 색상을 보여 하여금 보게 하며, 음성으로써 하여금 듣게 하며, 그윽이 도와 하여금 알게 하는 것이 다 신통을 나타내는 것이니 법계의 몸으로써 원명하게 문득 나타내는 것이다.
두 번째는 의심하는 사람의 무리를 따라 다른 까닭이요
세 번째는 의심하는 사람의 의심하는 바를 따라 다른 까닭이다.

鈔

各隨類者는 疏文有二라 先은 釋三義하니 一에 隨疑者는 卽用法不同이니 隨一類人이 所樂不同호대 隨宜適化라 故經云호대 彼彼諸病人은 良醫隨處方이라하니 卽應病與藥也니라 言或示色令見은 是現相答이요 以聲令聞은 是言說答이니 上皆顯應이라 冥資令曉는 卽是冥

181 언言 자는 각各 자라 하나 언言 자라 하여도 무방하다 하겠다. 초문에는 각各 자이다.

應이니 總合上三하야 一時頓應이라 二에 隨疑者는 上之三義는 隨一類中하야 卽容此三거니와 今明萬類니 謂人天鬼畜의 音辭差別等이라 然唯疑人에 約有所表하야 但明菩薩거니와 據其實義인댄 萬類皆通하니라 又菩薩者는 但語大心衆生이나 不妨本類가 亦有差別이니 謂天爲菩薩하고 人爲菩薩等이라 三에 隨疑者는 此約所疑之法이니 則初는 是義無礙境이요 二는 是辭無礙境이요 此는 是法無礙境이라 然其所疑는 卽十住等이어니와 其能疑人은 未必十信이 疑於十信이니 許互疑故며 十信도 亦疑住行等故니라

각각 그 유형을 따른다고 한 것이라고 한 것은 소문疏文에 두 가지가 있다.
먼저는 세 가지 뜻을 해석한 것이니
첫 번째 의심하는 사람의 편의한 바를 따른다고 한 것은 곧 쓰는 법이 같지 않는 것이니,
한 유형의 사람이 좋아하는 바가 같지 아니함을 따르되 편의함을 따라 맞게 교화하는 것이다.
그런 까닭으로 경에 말하기를 저기 저 모든 환자는 어진 의사가 처방함을 따른다 하였으니,
곧 환자에 응하여 약을 준다는 것이다.

혹은 색상을 보여 하여금 보게 한다고 말한 것은 이것은 모습을 나타냄으로써 답한 것이요
음성으로써 하여금 듣게 한다고 한 것은 이것은 말로써 답한 것이니[182]

이상은 다 나타나 응하는 것이다.
그윽이 도와 하여금 알게 한다고 한 것은 곧 그윽이 숨어서 응하는 것이니
위에 세 가지 뜻을 모두 합하여 일시에 문득 응하는 것이다.

두 번째 의심하는 사람의 무리를 따른다고 한 것은 위에 세 가지 뜻은 한 유형의 사람 가운데를 따라 곧 이 세 가지를 용납하였거니와 지금에는 만유형萬類形을 밝힌 것이니,
말하자면 인간과 천상과 귀신과 축생의 음성과 말씀이 차별한 등이다.
그러나 오직 의심하는 사람에게 표한 바가 있음을[183] 잡아서 다만 보살만을 밝혔거니와 그 참뜻을 의거한다면 만유형에 다 통하는 것이다.
또 보살이라고 하는 것은 다만 대심大心 중생만을 말하는 것이나 본류本類[184]가 또한 차별이 있음에 방해롭지 않나니,

---

182 이것은 말로써 답한 것이라고 한 것은, 『잡화기』에 말하기를 또한 신통을 나타내는 가운데 일이니, 이미 신통이라고 말하였다면 어찌 능하지 못하는 바가 있겠는가 하였다.

183 그러나 오직 의심하는 사람이라고 한 등은 의심하는 사람에게 통석하여 주는 것인 줄 알 수 있을 것이다. 표하는 바가 있다고 한 것은 보살로써 행위行位를 표하고자 하는 까닭이다. 아래 서자권暑字卷 28장, 상, 1행을 비례하여 볼 것이다. 이상은 『잡화기』의 말이다. 영인본 화엄은 4책, p.375, 1행이다.

184 본류本類라고 한 것은 인간과 천상 등을 말하며, 혹은 보살을 말하는 것이기도

말하자면 하늘이 보살도 되고 인간도 보살이 되는 등이다.

세 번째 의심하는 사람의 의심하는 바를 따른다고 한 것은 이것은 의심하는 바 법을 잡은 것이니
곧 처음은 의무애義無礙 경계요
두 번째는 사무애辭無礙 경계요
여기 세 번째는 법무애法無礙 경계이다.
그러나 그 의심하는 바는 곧 십주[185] 등이어니와 그 능히 의심하는 사람은 반드시 십신의 사람이 십신의 사람만을 의심하는 것은 아니니
서로 의심함을 허락하는 까닭이며,[186]
십신의 사람도[187] 또한 십주의 사람과 십행의 사람 등을 의심하는 까닭이다.

하다.

185 십주는 혹 십신이라고도 한다.

186 서로 의심함을 허락하는 까닭이라고 한 것은 십주의 사람이 십신의 사람을 의심함에 십신의 사람도 또한 십주의 사람을 의심하는 등이니 종횡으로 의심하는 것이다.

187 십신의 사람도라고 한 아래는 다만 십신의 사람이 십주·십행 등, 십주의 사람이 십행·십향 등 다만 횡으로만 의심하는 것이다. 『잡화기』는 십주는 중간에 있어 앞에 십신과 뒤에 십행을 등취하고 있다 하였다.

疏

謂若疑十信인댄 卽見如來가 足輪放光에 周乎法界等이요 若疑十住인댄 則見如來가 足指放光에 百刹塵外에 菩薩集等이니 如放光의 一事旣爾하야 餘相皆然하니라

말하자면 만약 십신을 의심한다면 곧 여래가 족륜足輪에 광명을 놓음에 법계에 두루한다 한 등을 보이고
만약 십주를 의심한다면 곧 여래가 족지足指에 광명을 놓음에 백 세계 티끌 밖에 보살들이 모인다 한 등을 보이나니,
방광의 한 가지 사실이 이미 그러함과 같아서 나머지 모습도 다 그러한 것이다.

鈔

謂若疑十信下는 出隨疑現通之相이라 於中에 初疑十信은 卽是此文과 及第十三經의 光明覺品이라 言周乎法界等者는 等取十方에 各過十佛刹微塵數世界하야 菩薩雲集이니 故下經云호대 悉以佛神力故로 十方各有一大菩薩하야 一一各與十佛刹微塵數諸菩薩俱等이라하니라 若疑十住者는 卽第三會의 十住品初라 言雲集等者는 此一等字가 等取行向地等이니 謂十行則足上放光하고 十向則膝輪放光하고 十地則眉間放光等이며 十行千刹이요 十向十千等이니 此一等字가 等於一分의 放光中事라 如放光下는 例於餘相이니 謂動刹雨華하고 香雲等事가 皆隨宜不同也니라

말하자면 만약 십신을 의심한다면 이라고 한 아래는 의심함을 따라 신통을 나타낸 모습을 설출한 것이다.
그 가운데 처음에 십신을 의심한 것은 곧 이것은 여기 경문과 그리고 제십삼경 광명각품이다.

법계에 두루한다 한 등이라고 말한 것은 시방에 각각 열 부처님의 세계에 작은 티끌 수만치 많은 세계를 지나 보살들이 구름처럼 모인다고 한 것을 등취한 것이니,
그런 까닭으로 하경下經에[188] 말하기를 다 부처님의 신통인 까닭으로 시방에 각각 한 사람의 대보살이 있어서 낱낱이 각각 열 부처님의 세계에 작은 티끌 수만치 많은 보살로 더불어 함께 하는 등이라 하였다.

만약 십주를 의심한다면이라고 한 것은 곧 제삼회에 십주품 초이다.

보살이 구름처럼 모이는 등이라고 말한 것은 이 한 자의 등等 자가 십행과 십회향과 십지 등을 등취하나니
말하자면 십행은 곧 족상足上에서 광명을 놓고,
십회향은 곧 슬륜膝輪에서 광명을 놓고,
십지는 곧 미간에서 광명을 놓는 등이며,
십행은 일천 세계요,

---

188 하경下經이란, 광명각품이다.

십회향은 십천 세계인 등이니
이 한 자의 등等 자가 일분의 방광 가운데 사실을 등취한 것이다.

방광의 한 가지 사실이 이미 그러함과 같다고 한 아래는 나머지 모습에 비례한 것이니,
말하자면 세계를 진동하고 꽃비를 내리고 향기 구름을 일으키는 등이 다 편의를 따라 같지 않는 것이다.

疏

故知하라 初會現相이 遍於九會하고 此會現通이 通於一分거늘 結集隨義하야 編之作次耳니 故下三會에 皆有不起覺樹之言이라

그런 까닭으로 알아라.
초회에서 모습을 나타낸 것이 구회에 두루하고, 이 회에서 신통을 나타낸 것이 일분一分[189]에 두루하거늘 결집한 사람이 뜻을 따라 편집하여 만든 차례일 뿐이니,[190]
그런 까닭으로 아래 삼회에 다 각수覺樹에서 일어나지 아니했다는

---

189 일분一分이라고 한 것은 수인계과생해분이다.

190 뜻을 따라 편집하여 만든 차례일 뿐이라고 한 것은, 말하자면 부처님인즉 일시에 신통을 나타내었거늘 결집한 사람이 편의를 따라 십신은 족륜방광足輪放光이라 말하고, 십주회는 족지방광足指放光 등이라고 말하였다는 것이다. 역시 『잡화기』의 말이다. 결집함에 뜻을 따라 편집자가 만든 차례일 뿐이라고 해석해도 좋다 하겠다.

말이 있다는 것이다.

鈔

故知初會下는 第二에 示通局이라 此會望初에 則局一分하고 彼通九會하나니 謂佛前現華는 通表一部의 所詮華嚴이요 眉間勝音은 通表九會의 能詮教故로 結集編次언정 非現前後니라 故下三會下는 引文爲證이니 旣不起前二하고 而昇四天인댄 明正當此處現通에 四天齊現耳이라

그런 까닭으로 알아라. 초회에서 모습을 나타낸 것이라고 한 아래는 제 두 번째 통通·국局을 보인 것이다.
이 회는 초회를 바라봄에 곧 일분一分[191]에 국한하고 저 초회는 구회에 통하나니,
말하자면 부처님 앞에 꽃을 나타낸 것은 일부 소전所詮의 『화엄경』을 한꺼번에 표한 것이요
미간에 수승한 음성은 구회에 능전能詮의 가르침을 한꺼번에 표한 까닭으로 결집한 사람이 편집하여 만든 차례일지언정 전·후를 나타낸 것은 아니다.

그런 까닭으로 아래 삼회라고 한 아래는 경문을 인용하여 증거한 것이니

191 일분一分이란, 역시 수인계과생해분이다.

이미 앞의 이회二會에서 일어나지 않고 사천四天에 올라가셨다[192]고 한다면 바로 마땅히 이곳에서 신통을 나타냄에 사천에 똑같이 나타남을 밝힌 것이다.

---

192 이회二會에서 일어나지 않고 사천에 올라가셨다고 한 것은, 제육천은 곧 일어나지 않고 올랐다는 말이 없지만 그러나 그 진실을 의거한다면 다 응당 있는 까닭이다. 소문 가운데 다만 삼회라고만 말한 것은 소문은 다른(別) 뜻을 잡아 말하였고, 초문은 통하는 뜻을 잡아 말한 것이니 그 뜻은 『회현기』 4권 초두를 볼 것이다. 역시 『잡화기』의 말이다.
앞의 이회二會라고 한 것은 제일회와 제이회이다. 사천은 사왕천이니 도리천과 야마천과 도솔천과 화락천이다.

經

現神通已하시고 東方過十佛刹微塵數世界하야 有世界하니 名金色이요 佛號不動智라 彼世界中에 有菩薩하니 名文殊師利라 與十佛刹微塵數諸菩薩俱하야 來詣佛所하야 到已作禮하고 卽於東方에 化作蓮華藏師子之座하야 結跏趺坐하니라

南方過十佛刹微塵數世界하야 有世界하니 名妙色이요 佛號無礙智라 彼有菩薩하니 名曰覺首라 與十佛刹微塵數諸菩薩俱하야 來詣佛所하야 到已作禮하고 卽於南方에 化作蓮華藏師子之座하야 結跏趺坐하니라

西方過十佛刹微塵數世界하야 有世界하니 名蓮華色이요 佛號滅暗智라 彼有菩薩하니 名曰財首라 與十佛刹微塵數諸菩薩俱하야 來詣佛所하야 到已作禮하고 卽於西方에 化作蓮華藏師子之座하야 結跏趺坐하니라

北方過十佛刹微塵數世界하야 有世界하니 名薝蔔華色이요 佛號威儀智라 彼有菩薩하니 名曰寶首라 與十佛刹微塵數諸菩薩俱하야 來詣佛所하야 到已作禮하고 卽於北方에 化作蓮華藏師子之座하야 結跏趺坐하니라

신통을 나타내어 마치시고 동쪽으로 열 부처님의[193] 국토에 작은

193 동쪽으로 열 부처님 운운한 것은 이 아래 십단(十方) 가운데 각각 팔단이 있다. 즉 세계가 일단이고, 부처님이 이단이고, 보살이 삼단이고, 미진수

티끌 수만치 많은 세계를 지나 세계가 있나니 이름이 황금색이요,
부처님의 이름은 움직이지 않는 지혜입니다.
저 세계 가운데 보살이 있나니 이름이 문수사리입니다.
열 부처님의 국토에 작은 티끌 수만치 많은 모든 보살로 더불어 함께 부처님의 처소에 와 이르러 이른 이후에 예배하고, 곧 동쪽에 연꽃으로 갈무리한 사자의 자리를 변화하여 만들어 결가부좌하고 앉았습니다.

남쪽으로 열 부처님의 국토에 작은 티끌 수만치 많은 세계를 지나 세계가 있나니 이름이 묘한 색이요,
부처님의 이름은 걸림 없는 지혜입니다.
저 세계에 보살이 있나니 이름이 깨달음이 으뜸이라 말합니다.
열 부처님의 국토에 작은 티끌 수만치 많은 모든 보살로 더불어 함께 부처님의 처소에 와 이르러 이른 이후에 예배하고, 곧 남쪽에 연꽃으로 갈무리한 사자의 자리를 변화하여 만들어 결가부좌하고 앉았습니다.

서쪽으로 열 부처님의 국토에 작은 티끌 수만치 많은 세계를 지나 세계가 있나니 이름이 연꽃색이요,
부처님의 이름은 어둠을 소멸하는 지혜입니다.

즉 권속보살이 사단이고, 부처님의 처소에 오는 것이 오단이고, 온 뒤에 예배한 것이 육단이고, 사자의 자리를 화작한 것이 칠단이고, 결가부좌하고 앉은 것이 팔단이다.

저 세계에 보살이 있나니 이름이 재물이 으뜸이라 말합니다. 열 부처님의 국토에 작은 티끌 수만치 많은 모든 보살로 더불어 함께 부처님의 처소에 와 이르러 이른 이후에 예배하고, 곧 서쪽에 연꽃으로 갈무리한 사자의 자리를 변화하여 만들어 결가부좌하고 앉았습니다.

북쪽으로 열 부처님의 국토에 작은 티끌 수만치 많은 세계를 지나 세계가 있나니 이름이 담복화색이요,
부처님의 이름은 위의에 지혜입니다.
저 세계에 보살이 있나니 이름이 보배가 으뜸이라 말합니다. 열 부처님의 국토에 작은 티끌 수만치 많은 모든 보살로 더불어 함께 부처님의 처소에 와 이르러 이른 이후에 예배하고, 곧 북쪽에 연꽃으로 갈무리한 사자의 자리를 변화하여 만들어 결가부좌하고 앉았습니다.

經

東北方過十佛刹微塵數世界하야 有世界하니 名優鉢羅華色이요 佛號明相智라 彼有菩薩하니 名功德首라 與十佛刹微塵數諸菩薩俱하야 來詣佛所하야 到已作禮하고 卽於東北方에 化作蓮華藏師子之座하야 結跏趺坐하니라

東南方過十佛刹微塵數世界하야 有世界하니 名金色이요 佛號究竟智라 彼有菩薩하니 名目首라 與十佛刹微塵數諸菩薩俱하야 來詣佛所하야 到已作禮하고 卽於東南方에 化作蓮華藏師子之座하야 結跏趺坐하니라

西南方過十佛刹微塵數世界하야 有世界하니 名寶色이요 佛號最勝智라 彼有菩薩하니 名精進首라 與十佛刹微塵數諸菩薩俱하야 來詣佛所하야 到已作禮하고 卽於西南方에 化作蓮華藏師子之座하야 結跏趺坐하니라

西北方過十佛刹微塵數世界하야 有世界하니 名金剛色이요 佛號自在智라 彼有菩薩하니 名法首라 與十佛刹微塵數諸菩薩俱하야 來詣佛所하야 到已作禮하고 卽於西北方에 化作蓮華藏師子之座하야 結跏趺坐하니라

下方過十佛刹微塵數世界하야 有世界하니 名玻瓈色이요 佛號梵智라 彼有菩薩하니 名智首라 與十佛刹微塵數諸菩薩俱하야 來詣佛所하야 到已作禮하고 卽於下方에 化作蓮華藏師子之座하야 結跏趺坐하니라

上方過十佛刹微塵數世界하야 有世界하니 名平等色이요 佛號觀察智라 彼有菩薩하니 名賢首라 與十佛刹微塵數諸菩薩俱하야 來詣佛所하야 到已作禮하고 卽於上方에 化作蓮華藏師子之座하야 結跏趺坐하니라

동북쪽으로 열 부처님의 국토에 작은 티끌 수만치 많은 세계를 지나 세계가 있나니 이름이 우발라꽃색이요,
부처님의 이름은 법상을 밝히는 지혜입니다.
저 세계에 보살이 있나니 이름이 공덕이 으뜸입니다.
열 부처님의 국토에 작은 티끌 수만치 많은 모든 보살로 더불어 함께 부처님의 처소에 와 이르러 이른 이후에 예배하고, 곧 동북쪽에 연꽃으로 갈무리한 사자의 자리를 변화하여 만들어 결가부좌하고 앉았습니다.

동남쪽으로 열 부처님의 국토에 작은 티끌 수만치 많은 세계를 지나 세계가 있나니 이름이 황금색이요,
부처님의 이름은 구경究竟의 지혜입니다.
저 세계에 보살이 있나니 이름이 눈이 으뜸입니다.
열 부처님의 국토에 작은 티끌 수만치 많은 모든 보살로 더불어 함께 부처님의 처소에 와 이르러 이른 이후에 예배하고, 곧 동북쪽에 연꽃으로 갈무리한 사자의 자리를 변화하여 만들어 결가부좌하고 앉았습니다.

서남쪽으로 열 부처님의 국토에 작은 티끌 수만치 많은 세계를 지나 세계가 있나니 이름이 보배색이요,
부처님의 이름은 가장 수승한 지혜입니다.
저 세계에 보살이 있나니 이름이 정진이 으뜸입니다.
열 부처님의 국토에 작은 티끌 수만치 많은 모든 보살로 더불어 함께 부처님의 처소에 와 이르러 이른 이후에 예배하고, 곧 서남쪽에 연꽃으로 갈무리한 사자의 자리를 변화하여 만들어 결가부좌하고 앉았습니다.

서북쪽으로 열 부처님의 국토에 작은 티끌 수만치 많은 세계를 지나 세계가 있나니 이름이 금강색이요,
부처님의 이름은 가장 자재한 지혜입니다.
저 세계에 보살이 있나니 이름이 법문이 으뜸입니다.
열 부처님의 국토에 작은 티끌 수만치 많은 모든 보살로 더불어 함께 부처님의 처소에 와 이르러 이른 이후에 예배하고, 곧 서북쪽에 연꽃으로 갈무리한 사자의 자리를 변화하여 만들어 결가좌하고 앉았습니다.

아래쪽으로 열 부처님의 국토에 작은 티끌 수만치 많은 세계를 지나 세계가 있나니 이름이 파려색이요,
부처님의 이름은 맑은 지혜입니다.
저 세계에 보살이 있나니 이름이 지혜가 으뜸입니다.
열 부처님의 국토에 작은 티끌 수만치 많은 모든 보살로 더불어

함께 부처님의 처소에 와 이르러 이른 이후에 예배하고, 곧 아래쪽에 연꽃으로 갈무리한 사자의 자리를 변화하여 만들어 결가부좌하고 앉았습니다.

위쪽으로 열 부처님의 국토에 작은 티끌 수만치 많은 세계를 지나 세계가 있나니 이름이 평등한 색이요,
부처님의 이름은 관찰하는 지혜입니다.
저 세계에 보살이 있나니 이름이 어짊이 으뜸입니다.
열 부처님의 국토에 작은 티끌 수만치 많은 모든 보살로 더불어 함께 부처님의 처소에 와 이르러 이른 이후에 예배하고, 곧 위쪽에 연꽃으로 갈무리한 사자의 자리를 변화하여 만들어 결가부좌하고 앉았습니다.

疏

第二에 現神通下는 衆海雲集이니 卽現相으로 答初十句之問이라 光現佛刹은 答佛刹問이요 刹有金色等은 是刹莊嚴이요 旣以金成인댄 亦答刹體요 彼刹菩薩도 亦刹莊嚴이니 菩薩大寶로 以爲嚴故며 亦刹淸淨이니 純淨佛刹은 唯菩薩故라 淨修梵行은 是刹成就니 淨土行故며 亦刹淸淨이니 所修淨故라 此已上은 答五句依問하고 兼答五句正報니 土各有佛하고 及見如來坐蓮華藏은 是答佛住요 現通放光은 是答威德이요 名不動智等은 是答法性이요 見佛轉法輪은 是答說法이요 佛成正覺은 是答菩提라 文雖在下

나 義皆此具하니 光明覺現은 卽現此故니라

제 두 번째 신통을 나타내어 마쳤다고 한 아래는 대중이 구름처럼 모인 것이니

곧 나타낸 바 모습[194]으로 처음에 열 구절의 물음에 답한 것이다.

광명에 부처님의 세계를 나타낸 것은 불찰의 물음에 답한 것이요

세계가 황금색 등이 있다고 한 것은 이것은 불찰장엄[195]이요

이미 황금으로 이루어졌다고 하였다면 또한 불찰체성[196]에 답한 것이요

저 세계에 보살이 있다고 한 것도 또한 불찰장엄이니 보살의 큰 보배로써 장엄을 삼는 까닭이며,

또한 불찰청정이니 순전히 청정한 부처님의 세계에는 오직 보살뿐인 까닭이다.

범행을 청정하게 닦는 것은 이것은 불찰성취니 정토행인 까닭이며

또한 불찰청정이니 수행하는 바가 청정한 까닭이다.

이 이상[197]은 오구五句 의보의 물음에 답하고 겸하여 오구五句 정보의 물음에 답한 것이니[198]

---

194 원문에 현상現相이라고 한 것은 곧 소현상所現相이니 십불찰 미진수 보살이다. 처음에 열 구절이라고 한 것은 앞에 영인본 화엄 4책, p.345에 있는 열 구절이다.

195 불찰장엄은 영인본 화엄 4책, p.345에 있다.

196 불찰체성은 역시 영인본 화엄 4책, p.345에 있다.

197 이상已上이라는 두 글자는 『잡화기』에 상이上已라 해야 된다 하였다. 그러나 그대로 두어도 무방하다.

국토마다 각각 부처님이 계시고 그리고 여래가 연꽃으로 갈무리한 자리에 앉으심을 보는 것은 이것은 불주佛住의 물음에 답한 것이요
신통을 나타내고 광명을 놓은 것은 이것은 불위덕의 물음에 답한 것이요
이름이 움직이지 않는 지혜 등이라고 한 것은 이것은 불법성의 물음에 답한 것이요
부처님이 법륜 전함을 보는 것은 이것은 불소설법의 물음에 답한 것이요
부처님이 정각을 이루신 것은 이것은 불대보리의 물음에 답한 것이다.
경문은 비록 아래에 있지만 뜻은 다 여기에 갖추었으니 광명각품[199]에서 나타낸 것이 곧 여기에서 나타낸 것인 까닭이다.

鈔

名不動智等者는 不動智等은 等餘九智니 智雖是一이나 十智不同하니라 不同之德이 卽是法性이니 則以佛德으로 爲法性故니라 文雖在下等者는 釋通妨難이니 謂有難云호대 適所引文은 皆光明覺品이니

198 겸하여 오구정보의 물음에 답한 것이라고 한 것에 정보의 물음이라고 한 것은 의보의 물음에 답한 것은, 곧 그 뜻이 경문 가운데 나타나 있으나 그러나 만약 정보의 물음에 답한 것이라고 한다면 곧 여기에 나타나 있지 않기에 광명각품의 당품의 뜻을 이끌어 와야 이에 성립이 되는 까닭으로 겸하여 답한 것이라 말한 것이다. 역시 『잡화기』의 말이다.

199 광명각품은 제구품이고, 여기 명호품은 제칠품이다.

此中現相으로 言答十問이어늘 乃引下經하니 豈成此答이리요하니 釋云六會現通도 尙在一時어든 況光明覺에 義不在此리요 故光明覺說은 說此所現이라 是以此中엔 別列十方佛刹菩薩하야 一一各說하고 光明覺品엔 一時總牒하니 明是說此所現相耳니라

이름이 움직이지 않는 지혜 등이라고 한 것이라 한 것은, 움직이지 않는 지혜라고 한 등은 나머지 구지九智를 등취한 것이니,
지혜는 비록 한 가지이지만 열 가지 지혜가 같지 않는 것이다.
같지 않는 공덕이 곧 이 법성이니 부처님은 공덕으로써 법성을 삼는 까닭이다.

경문은 비록 아래에 있지만이라고 한 등은 방해하여 비난함을 석통釋通한 것이니,
말하자면 어떤 사람이 비난하여 말하기를 적소適所에 인용한 경문은 다 광명각품이니 이 가운데[200] 나타낸 바 모습으로 열 가지 질문에 답한 것이라고 말해야 할 것이어늘 이에 하경下經을 인용하였으니 어찌 여기에 답한 것이라고 함을 성립하겠는가 하니,
석통하여 말하기를 육회에서 신통을 나타낸 것도 오히려 일시一時에 있거든 하물며 광명각품에 뜻이 여기에 있지 않겠는가.
그런 까닭으로 광명각품에서 설한 것은 여기에서 나타낸 바 모습을 설한 것이다.

---

200 이 가운데란, 광명각품이 아니고 여기 경문 중이란 말이다.

이런 까닭으로 이 가운데서는 시방에 부처님의 국토에 보살을 따로 열거하여 낱낱이 각각 설하였고, 광명각품에서는 일시에 모두 첩설牒說하였으니
분명히 이것은 여기에서 나타낸 바 모습을 설한 것이다.

疏

十方衆集이 卽爲十段이라 一一方內에 文各有八하니 一은 遠近이요 二는 土名이요 三은 佛號요 四는 上首요 五는 眷屬이요 六은 詣佛이요 七은 到已致敬이요 八은 化座安坐라 去此遠近이 皆十刹塵數者는 前會는 爲說所信因果深廣일새 故須遠集華藏之外에 十方刹海하고 今은 爲說於生解因果가 漸漸增修일새 故但集娑婆의 隣次之刹하나니 信行最劣일새 故復云十이라하고 後後漸增하야 至法界品하야는 還集刹海니라 初不云一하고 直云十者는 表無盡故요 要刹塵者는 比餘勝故니라 爲有所表하야 故分階級이언정 非初信等이 不是通方이니 故結及證成에 十方齊說하니라

시방에서 모인 대중이 곧 십단이 되는 것이다.
낱낱 방위 안에 문장이 각각 여덟 가지가 있나니
첫 번째는 멀고 가까운 세계요
두 번째는 국토의 이름이요
세 번째는 부처님의 이름이요
네 번째는 상수보살이요

다섯 번째는 권속보살이요

여섯 번째는 부처님께 나아간 것이요

일곱 번째는 이른 이후에 극진히[201] 공경한 것이요

여덟 번째는 사자좌를 변화하여 만들어 편안히 앉은 것이다.

여기에서 가기가 멀고 가까운 것이 다 열 부처님의 국토에 작은 티끌 수만치 많다고 한 것은 전회前會는 소신인과所信因果가 깊고도 넓은 것을 설하기 위하였기에 그런 까닭으로 모름지기 멀리 화장세계 밖에 시방세계 바다에서 모여 왔고, 지금에는 생해인과生解因果가 점점 증수增修함을 설하기 위하기에 그런 까닭으로 다만 사바세계와 다음으로 가까운 세계에서 모여 오나니

신행이 가장 하열하기에 그런 까닭으로 다시 말하기를 열 부처님의 세계[202]라 하였고, 후후後後는 점점 더하여 법계품에 이르러서는 도리어 찰해에서 모여 왔다 하였다.

처음에 한 부처님의 세계라고 말하지 않고[203] 바로 열 부처님의 세계라고 말한 것은 끝이 없음을 표한 까닭이요,

---

201 致는 극진하다, 다하다의 뜻이다.

202 다시 말하기를 열 부처님의 세계라고 한 것은 화장찰해 가운데도 사바세계와 가까운 세계의 찰해가 가히 말할 수 없이 있지만 지금에는 다만 열 부처님의 세계를 지난다고만 말한 까닭으로 다시라는 말을 이루는 것이라고 『잡화기』는 말한다.

203 처음에 한 부처님의 세계라고 말하지 않고라고 한 등은 『잡화기』에 만약 점점 증승하고자 한다면 응당 한 부처님으로부터 열 부처님에 이르는 등인 까닭이라 하였다.

요컨대 세계 티끌수라고 한 것은 다른 세계보다 수승함을 비교한 까닭이다.
표하는 바가 있게 하기 위하여 그런 까닭으로 계급을 나누었을지언정 처음에 십신 등이 이 통방通方의 가르침이 아닌 것이 아니니 그런 까닭으로 맺고 그리고 증거하여 성립함에 시방十方을 똑같이 설하였다.

鈔

爲有所表下는 通難이니 難云호대 華嚴旣是通方之敎인댄 未有一土에도 不說此經이어늘 今擧十刹인댄 則十外不收요 今說百刹인댄 應百外不攝이니 豈爲通方이리요 釋意可知라

표하는 바가 있게 하기 위하여라고 한 아래는 비난함을 통석한 것이니, 비난하여 말하기를 『화엄경』이 이미 이 통방의 가르침이라면 한 국토에도 이 경을 설하지 아니함이 없어야 하거늘 지금에 십불찰만을 거론한다면 곧 십불찰밖에는 섭수하지 않는 것이요, 지금에 백불찰만을 설한다면 응당 백불찰밖에는 섭수하지 않는 것이니 어찌 통방의 가르침이라 하겠는가.
통석한 뜻은 가히 알 수가 있을 것[204]이다.

---

204 원문에 석의가지釋意可知라고 한 것은 소문에 고분계급故分階級이언정 비초신등非初信等이 불시통방不是通方이라고 해석한 것을 가히 알 수가 있다는 것이다.

疏

又隨迷名外요 悟處名來나 而實佛土는 本無遠近이라 土皆名色者는 表信麁現故며 亦表顯然하야 可生信故라 佛號同智者는 有信無智면 增無明故며 信中之智는 本覺起故니라

또 따라 미혹한 것을 밖이라 이름하고 깨달은 곳을 온다고 이름하지만 그러나 진실한 부처님의 국토는 본래 멀고 가까움이 없는 것이다.

국토를 다 색이라고 이름한 것은[205] 믿음이 크게 나타남을 표한 까닭이며,
또한 나타내어 가히 믿음이 생기게 함을 표한 까닭이다.
부처님의 이름을 다 지혜라고 한 것은 믿음만 있고 지혜가 없으면 무명만 더하는 까닭이며,
믿음 가운데 지혜는 본각으로 일어나는 까닭이다.

疏

主同名首者는 梵云室利는 一名四實이니 一은 首요 二는 勝이요 三은 吉祥이요 四는 德이라 是以譯者가 前後不同거니와 今通用之하고 以信爲首하야 攝諸位故며 次第行中에 信最勝故로 甚難得故

205 국토를 다 색이라고 이름한 것이란 동방세계는 황금색이고, 남방세계는 묘한 색이라 한 등등이다.

며 於生死中에 創發信心이 爲吉祥故며 信能增長智功德等一切德故니라

주主보살을 다 으뜸이라고 이름한 것은 범어에 말하기를 실리는 한 이름에 네 가지 진실한 뜻이 있나니,
첫 번째는 으뜸(首)이요
두 번째는 수승한 것이요
세 번째는 길상이요
네 번째는 공덕이다.
이런 까닭으로 번역하는 사람이 앞뒤가 같지 않게 하였거니와 지금에는 그것을 통용[206]하고 믿음으로써[207] 으뜸을 삼아 모든 지위를 섭수하는 까닭이며,
차례로 수행하는[208] 가운데 믿음이 가장 수승한 까닭으로 심히 얻기 어려운 까닭이며,
생사 가운데[209] 처음 믿는 마음을 일으키는 것이 길상吉祥이 되는 까닭이며,
믿음은 능히 지혜의 공덕[210] 등 일체 공덕을 증장하는 까닭이다.

---

206 통용이라고 한 것은 경문 가운데 다만 보살의 이름을 각수, 재수 등 수首라고 하였지만 이미 신위信位를 표한 것이라고 한다면 곧 신위가 이 네 가지 뜻을 구족하고 있는 까닭으로 가히 통용함을 얻을 수 있는 것이다. 단 최초 보살은 문수라 하고 수首 자는 없다.

207 믿음 운운은 一에 수首의 뜻이다.

208 차례로 수행 운운은 二에 승勝의 뜻이다.

209 생사 가운데 운운은 三에 길상吉祥의 뜻이다.

鈔

今通用之者는 以梵語多含을 三藏各取어니와 今以義收일새 故皆通用하고 而暗引下經하야 以成四義하니 初는 釋首義니 以信爲首하야 攝諸位故는 是通意니 明信該果海故라 二는 釋勝義니 云次第行中에 信最勝故는 經云호대 是故依行說次第인댄 信樂最勝甚難得이라하니라 三에 於生死中下는 釋吉祥義니 經卽通取下經之意라 四에 信能增長智功德故는 釋德義니 亦全是賢首品經文이라 又云호대 彼諸大士威神力으로 法眼常全無缺減이라 十善妙行等諸道와 無上勝寶皆令現이라하니 卽吉祥義也라

지금에는 그것을 통용한다고 한 것은 범어가 포함한 많은 뜻을 삼장이 각각 취하였거니와, 지금에는 뜻으로 거두기에 그런 까닭으로 통용하고 그윽이 하경을 인용하여 네 가지 뜻을 이루었나니 첫 번째는 으뜸(首)의 뜻을 해석한 것이니,
믿음으로 으뜸을 삼아 모든 지위를 섭수하는 까닭이라고 한 것은 이것은 통通의 뜻이니[211] 믿음이 과해를 갖춤[212]을 밝힌 까닭이다.
두 번째는 수승의 뜻을 해석한 것이니,

---

210 믿음은 능히 지혜의 공덕 운운은 四에 공덕의 뜻이다.

211 이것은 통의 뜻이라고 한 것은 지금 경의 뜻이 다 이와 같음을 말하는 것이다. 그런 까닭으로 따로 경을 인용하지 않는다고 『잡화기』는 말한다.

212 믿음이 과해를 갖춘다고 한 것은 초발신심初發信心이 궁극의 깨달음으로 이어지는 것을 말한다.

차례로 수행하는 가운데 믿음이 가장 수승한 까닭이라고 말한 것은 경[213]에 말하기를 이런 까닭으로 행을 의지하여 차례를 설한다면 신락信樂이 가장 수승하여 심히 얻기 어렵다 하였다.

세 번째 생사 가운데라고 한 아래는 길상의 뜻을 해석한 것이니, 경은 곧 하경의 뜻을 통취한 것이다.

네 번째 믿음은 능히 지혜의 공덕을 증장하는 까닭이라고 한 것은 공덕의 뜻을 해석한 것이니,

또한 온전히 이것은 현수품의 경문이다.

또 말하기를[214] 저 모든 대사의 위신력으로

법안이 항상 온전하여 이지러져 사라짐이 없는 것이다.

십선과 묘행 등 모든 도道와

더 이상 없는 수승한 보배로 다 하여금 나타나게 한다 하였으니 곧 공덕의 뜻이다.

疏

此十菩薩이 同表信門일새 故皆名室利요 各隨一門하야 達一切法일새 故復有差하니 次文當釋하리라 亦有傳云호대 梵云室利는

213 경이라고 한 것은 이 『화엄경』 현수품 게송이다.

214 문운文云이라고 한 것은 저 현수품에 그 공덕을 맺어 찬탄한 가운데 문장이니, 신능증장信能增長이라 한 문장으로 더불어 한 곳에 같이 있는 것은 아니다. 윤자권閏字卷 34장을 보니 현수품 경문이다. 윤자권은 현수품 하권이고, 장자권藏字卷은 현수품 상권이다. 문운文云이라 한 문文 자는 우又 자가 좋다.

此云吉祥이니 室利云首도 亦是一理라하니라

이 열 보살이 다 신문信門을 표하기에 그런 까닭으로 다 실리實利라 이름하는 것이요
각각 한 문門을 따라 일체법을 통달하기에 그런 까닭으로 다시 차별이 있나니 다음 문장에서 마땅히 해석하겠다.[215]
또 어떤 사람[216]이 전하여 말하기를 범어에 실리라고 말한 것은 여기에서 말하면 길상[217]이니, 실리를 으뜸(首)이라 이름하는 것도 역시 일리가 있다 하였다.

鈔

亦有傳云者는 卽興善三藏譯이니 余親問三藏하니 有同此說이라 今欲會意일새 故前收四說하니라

또 어떤 사람이 전하여 말하였다고 한 것은 곧 홍선 삼장이 번역한 것이니,
내가 친히 홍선 삼장에 물었더니 여기에서 설한 것과 같음이 있었다.

---

215 다음 문장에서 마땅히 해석하겠다고 한 것은 바로 아래 소문 가운데 열 보살의 설명이다. 영인본 화엄 4책, p.377, 2행 이하 등을 참고할 것이다.

216 어떤 사람이란, 홍선 삼장이다.

217 길상 운운한 것은 『잡화기』에 길상"이요" 운수云首"도" 일리"라하니라" 토吐이다. 다 이것은 홍선 삼장의 말인 까닭이다. 그 뜻에 말하기를 바른 뜻은 길상이라 말하고, 만약 수首라고 말할지라도 따로 일리가 있다 하였다.

지금에는 뜻을 회석하고자 하기에 그런 까닭으로 앞에 네 가지 설說을[218] 거둔 것이다.

疏

眷屬皆十刹塵者는 表一一行이 攝無盡德故라 皆詣佛者는 有歸向故라 餘如前會하니라 又下菩薩名等은 皆是表法이니 菩薩은 表所行之行이요 本刹은 表所證之理요 佛名은 表所得之智라

권속보살이 다 열 부처님의 세계에 작은 티끌수라고 한 것은 낱낱 행이 끝없는 공덕을 섭수함을 표한 까닭이다.
다 부처님께 나아갔다고 한 것은 돌아가 향할 곳이 있는 까닭이다.
나머지는 전회前會와 같다.[219]
또 아래에 보살의 이름 등은 다 법을 표한 것이니
보살은 향할 바 행을 표한 것이요
본래 세계는 증득할 바 진리를 표한 것이요
부처님의 이름은 얻을 바 지혜를 표한 것이다.

---

218 네 가지 설說이란, 실리에 네 가지 뜻을 말한다.

219 나머지는 전회前會와 같다고 한 것은 곧 여래현상품이니 영인본 화엄 3책, p.461에 있다. 나머지라고 한 것은 팔단 가운데 뒤에 이단이니 七에 이른 이후에 극진히 공경하는 것과 八에 사자좌를 변화하여 만들어 앉은 것이다. 『잡화기』는 다만 뒤에 이단을 가리켜 나머지라 한다고만 하였다.

疏

今初東方에 言金色者는 心性無染이나 與緣成器로 爲自體故며 本智如空하야 離覺所覺하야 湛然不動하나니 動卽是妄이요 非曰智故라 又縱成佛果나 不異凡故니 卽本覺智는 住心眞如라

지금은 처음으로 동쪽에 금색세계라고 말한 것은 마음의 성품은 물듦이 없지만 인연으로 더불어 그릇을 이룸으로[220] 자체를 삼는 까닭이며
근본 지혜는 허공과 같아 각覺과 소각所覺을 떠나 담연하여 움직이지 않나니
움직이면 곧 망상이고 지혜라 말할 수 없는 까닭이다.
또 비록 불과를 이루었지만 범부와 다르지 않는 까닭이니 곧 본각의[221] 지혜는 심진여心眞如에 머물기 때문이다.

鈔

今初東方下는 別釋十方이라 八段之中에 皆釋三事니 一은 刹名이요 二는 佛名이요 三은 主菩薩名이라 唯初東方이 案經之次하고 下之九方은 從後倒釋이라 以十首菩薩은 表十甚深이니 是助化主일새 故先

220 그릇을 이룬다고 한 등은, 『잡화기』에 말하기를 능히 만법의 자체가 됨을 말하는 것이다 하였다.

221 곧 본각이라 한 등은 『잡화기』에 표하는 바를 모두 맺는 것이다 하였으니, 표하는 바라고 한 것은 본각의 지혜는 심진여라는 것이다.

擧之하고 餘二因此일새 故在後釋하니 細尋可知라

지금은 처음으로 동쪽이라고 한 아래는 따로 시방을 해석한 것이다.
팔단八段 가운데 다 삼사만 해석하였으니
첫 번째는 세계의 이름이요
두 번째는 부처님의 이름이요
세 번째는 주보살의 이름이다.
오직 처음에 동방만이[222] 경의 차례를 안찰하여 해석하였고, 아래 아홉 방위는 뒤로 좇아 거꾸로 해석하였다.
십수十首 보살은 열 가지 깊고도 깊은 것(十甚深)을 표한 것이니
이것은 교화를 돕는 주인이기에 그런 까닭으로 먼저 거론하고,
나머지 두 가지[223]는 이 보살을 원인하기에 그런 까닭으로 뒤에 두어 해석하였으니
자세히 찾아보면 알 수가 있을 것이다.

---

222 원문에 유초동방唯初東方 운운은 즉 소초疏鈔에서 열 가지 방소方所를 해석하되 동방東方만 경문經文에 서술된 팔단八段 중 삼단三段만 순서대로 해석하고 나머지 구방九方은 제삼단第三段인 주보살主菩薩부터 거꾸로 뒤에서 해석하였다는 것이다. 즉 三에 보살菩薩, 二에 불佛, 一에 세계 순으로 해석하였다는 것이다. 영인본 화엄 4책, p.372, 3행에 각각 팔단이 있으되 팔단 가운데 상단만 해석한 까닭으로 그렇게 말한 것이다.

223 나머지 두 가지(餘二)란, 찰명刹名과 불명佛名이다.

疏

菩薩妙德者는 慧達佛境하면 處處文殊니 由慧揀擇하야 契於本智일새 故分因果라

보살을 묘덕(文殊)이라고 한 것은 혜慧로써 부처님의 경계를 요달하면 처처가 문수이니,
혜를 인유하여 간택하여 근본지(智)에 계합하기에 그런 까닭으로 인·과를 나눈[224] 것이다.

鈔

處處文殊는 下文當釋하리라 從由慧揀擇下는 通難이니 難云호대 佛名은 不動智요 文殊表慧어니 二相寧分이리요 答中에 然智慧二字가 乃有多門거니와 今此正用分別名慧요 決斷名智하니 故以慧爲因하고 以智爲果니라

처처가 문수라고 한 것은 아래 문장에서 마땅히 해석하겠다.[225] 지혜를 인유하여 간택하였다고 함으로 좇아 아래는 비난함을 통석한 것이니,

224 인·과를 나누었다고 한 것은 문수는 혜慧이고 인因이요, 부처는 지智이고 과果(부동지不動智)이다.

225 아래 문장에서 마땅히 해석하겠다고 한 것은 왕자권往字卷 상권, 16장 하단에 법석法釋의 소문이다.

비난하여 말하기를 부처님의 이름은 움직이지 않는 지혜이고, 문수는 혜慧를 표한 것이니 두 가지 모습을 어찌 나누겠는가.
답하는 가운데 그러나 지·혜의 두 글자가 이에 다문多門이 있거니와 지금 여기에서는 분별하는 것을 혜慧라 이름하고 결단하는 것을 지智라 이름함을 바로 사용하였으니
혜로써 원인을 삼고, 지로써 과보를 삼은 것이다.

疏

二에 覺首者는 覺心性也요 無性이 不礙隨緣하고 隨緣이 不礙無性은 無礙智也요 不染而染하고 染而不染을 俱難了知는 爲妙色也라

두 번째 깨달음이 으뜸(覺首)이라고 한 것은 심성을 깨달은 것이요 자성이 없는 것이 인연을 따름에 걸리지 않고, 인연을 따르는 것이 자성이 없음에 걸리지 않는 것은 걸림이 없는 지혜요
물들지 않지만 물들고, 물들지만 물들지 아니함을 함께 알기 어려운 것은 묘한 색(妙色)이 되는 것이다.

鈔

不染而染等者는 此釋妙色義라 語出勝鬘이니 下當廣釋하리라

물들지 않지만 물든다고 한 등은 이것은 묘한 색을 해석한 것이다.

이 말은 『승만경』에서 인출하였으니 아래에서 마땅히 폭넓게 해석하겠다.

疏

三에 財首者는 法財教化는 卽滅闇智요 了衆生空은 如蓮不著이라 四에 寶首者는 眞俗無違는 可珍貴故요 善知業果는 不犯威儀요 性相無違는 唯一乘旨니 是爲唯嗅瞻蔔華矣라 五에 德首는 了達如來의 應現說法之功德故니 卽是明於法相이라 又了佛德하야 心明白也니 若有此智면 如靑蓮華를 最爲第一이라 六에 目首는 福田照導는 如目將身이요 平等福田은 爲究竟智요 是最可重故로 云金色이라하니 佛爲福田하고 以佛爲境일새 故同上文殊하야 依金色界라 七에 精進首는 正教甚深은 必在精進이요 能策萬行은 爲最勝智요 圓明可貴일새 故復云寶라하니라 八에 法首는 法門雖多나 必在正行이요 於法能行하야사 方得自在요 得般若之堅利하야사 爲金剛色이라 九에 智首는 佛之助道는 雖無量門이나 智爲上首요 能淨萬行일새 故云梵智요 智淨體淨은 猶若玻瓈하야 明徹無染이라 十에 賢首는 前佛後佛이 一道淸淨은 由自性善일새 故稱曰賢이요 能知此賢은 是觀察力이요 觀察本性은 常平等故니라

세 번째 재물이 으뜸(財首)이라고 한 것은 진리의 재물로 교화하는 것은 곧 어둠을 소멸하는 지혜요

중생이 공한 줄 아는 것은 마치 연꽃에 물이 묻지 않는 것과 같은

것이다.

네 번째 보배가 으뜸(寶首)이라고 한 것은 진·속에 어김이 없는 것은 가히 진귀한 보배인 까닭이요
업의 과보를 잘 아는 것은 범하지 않는 위의인 것이요
자성과 모습에 어김이 없는 것은 오직 일승의 뜻이니,
이것이 오직 담복화의 향기만을 맡는 것이 되는 것이다.

다섯 번째 공덕이 으뜸(德首)이라고 한 것은 여래가 나타남에 응하여 법을 설하는 공덕을 요달한 까닭이니
곧 이것은 법상法相을 밝히는 지혜이다.
또 부처님의 공덕을 요달하여 마음이 명백한 것이니,
만약 이 지혜가 있다면 마치 푸른 연꽃을 가장 제일이라 하는 것과 같은 것이다.

여섯 번째 눈이 으뜸(目首)이라고 한 것은 복전으로 비추어 인도하는 것은 마치 눈이 몸을 나아가게 하는 것과 같은 것이요
평등한 복전은 구경의 지혜요
이것이 가장 중요한 까닭으로 말하기를 황금색이라 하였으니,
부처님으로 복전을 삼고 부처님으로[226] 경계를 삼았기에 그런 까닭으

226 부처님으로 경계를 삼았다고 한 것은 『잡화기』에 말하기를 목전이 소조所照가 되는 까닭이다 하였다.

로 위에[227] 문수보살과 같이 금색세계를 의지한 것이다.

일곱 번째 정진이 으뜸(精進首)이라고 한 것은 바른 가르침이 깊고 깊은 것은 반드시 정진에 있는 것이요
능히 만행을 책발策發하는 것은 가장 수승한 지혜가 되는 것이요
원만하고 밝아 가히 귀하기에 그런 까닭으로 다시 말하기를 보배색이라 하였다.

여덟 번째 법문이 으뜸(法首)이라고 한 것은 법문이 비록 많지만 반드시 바른 수행에 있는 것이요
저 법문을 능히 수행하여야 바야흐로 자재함을 얻는 것이요
반야의 견고하고 예리함을 얻어야 금강색이 되는 것이다.

아홉 번째 지혜가 으뜸(智首)이라고 한 것은 부처님의 조도助道 법은 비록 한량없는 문이 있지만 지혜가 가장 으뜸이 되는 것이요
능히 만행을 청정하게 수행하기에 그런 까닭으로 말하기를 맑은 지혜라 하는 것이요
지혜가 청정하고 자체가 청정한 것은 비유하자면 파려와 같아서 밝게 사무쳐 물듦이 없는 것이다.

열 번째 어짊이 으뜸(賢首)이라고 한 것은 전불前佛과 후불後佛이

---

227 위에라고 한 것은 영인본 화엄 4책, p.366, 6행이다.

한길로 청정한 것은 자성이 선함을 인유한 것이기에 그런 까닭으로 이름하여 어질다(賢) 말한 것이요
능히 이 어짊을 아는 것은 이것은 관찰하는 지혜의 힘이요
본성을 관찰하는 것은 항상 평등한 색인 까닭이다.

鈔

又釋十段이 皆暗取十甚深義니 一에 云慧達佛境은 卽佛境甚深故요 二에 覺首는 緣起甚深이니 心性是一故요 三에 財首는 教化甚深이요 四에 寶首는 業果甚深이요 五에 德首는 說法이요 六에 目首는 福田이요 七에 精進首는 正教요 八에 法首는 正行이요 九에 智首는 助道요 十에 賢首는 一道니 故並可思니라

또 해석한다면 십단이 다 열 가지 깊고도 깊은 뜻을 그윽이 취하고 있나니
첫 번째 말하기를 혜로써 부처님의 경계를 요달하면이라고 한 것은 곧 부처님의 경계가 깊고도 깊은 까닭이요
두 번째 깨달음이 으뜸이라고 한 것은 연기가 깊고도 깊은 것이니 심성은 이에 하나인 까닭이요
세 번째 재물이 으뜸이라고 한 것은 교화가 깊고도 깊은 것이요
네 번째 보배가 으뜸이라고 한 것은 업의 과보가 깊고도 깊은 것이요
다섯 번째 공덕이 으뜸이라고 한 것은 설법이 깊고도 깊은 것이요
여섯 번째 눈이 으뜸이라고 한 것은 복전이 깊고도 깊은 것이요

일곱 번째 정진이 으뜸이라고 한 것은 바른 가르침이 깊고도 깊은 것이요

여덟 번째 법문이 으뜸이라고 한 것은 바른 행이 깊고도 깊은 것이요

아홉 번째 지혜가 으뜸이라고 한 것은 조도법이 깊고도 깊은 것이요

열 번째 어짊이 으뜸이라고 한 것은 한길이 깊고도 깊은 것이니

그런 까닭으로 아울러 가히 생각해 볼 것이다.

疏

又十佛相望인댄 不動是體요 餘皆是用이며 十菩薩相望인댄 文殊爲總이요 餘皆是別이니 以總導別일새 故九菩薩이 不離妙德이라

또 열 부처님을 서로 바라본다면 움직이지 않는 지혜의 부처님[228]은 이 자체이고 나머지 부처님은 다 작용이며,

열 보살을 서로 바라본다면 문수보살은 총總이 되고 나머지 보살은 다 별別이 되나니,

총으로써 별을 인도하기에 그런 까닭으로 아홉 보살이 묘덕(문수)보살을 떠나지 않는 것이다.

鈔

文殊爲總者는 若以法門爲總인댄 文殊主般若하야 統收萬行이요 九

---

228 부동지불은 동방의 부처님이다.

首之德은 皆是般若隨緣이니 別相이요 同明佛德은 卽是同相이요 緣起敎化하야 互不相收는 卽是異相이요 統十甚深하야 爲成佛境은 卽是成相이요 各住一甚深은 卽是壞相이니 餘如下說하니라 若約人爲總別인댄 文殊爲上首故로 是總이요 餘九爲伴이니 是別이요 同名爲首요 異卽賢等이요 共成十首는 表信之人이요 壞各住自니라

문수보살은 총이 된다고 한 것은 만약 법문으로써 총상을 삼는다면 문수는 반야를 주간하여 만행을 모두 거두는 것이요
나머지 아홉 으뜸 보살의 공덕은 다 반야의 수연隨緣이니 별상別相이요
부처님의 공덕을 똑같이 밝힌 것은 곧 동상同相이요
인연으로 교화를 일으켜 서로서로 거두지 않는 것은 곧 이상異相이요
열 가지 깊고도 깊은 것을 통일하여 부처님의 경계를 이루는 것은 곧 성상成相이요
각각 하나의 깊고도 깊은 곳에 머무는 것은 곧 괴상壞相이니, 나머지는 아래[229]에서 설한 것과 같다.

만약 사람을 잡아 총·별을 삼는다면 문수는 상수인 까닭으로 총상이 되는 것이요
나머지 아홉 보살은 반伴[230]이 되나니 별상이 되는 것이요

---

229 아래란, 바로 아래 만약 사람을 잡아 총·별 운운한 것이다.

230 반伴이라고 한 것은 문수는 주主보살이고 나머지 아홉 보살은 반보살이라는 것이다.

동상은 이름이 으뜸(首)이 되는 것이요
이상異相은 곧 어짊(賢)이 되는 등이요
함께 열 가지 으뜸(十首) 보살을 이루는 것[231]은 믿음의 사람을 표한 것이요
괴상壞相은 각각 자기 위치에 머무는 것이다.

疏

以前後流例로 略爲此釋하니 惟虛己而求之니라 不信此理면 甚深法門이 於我何預리요

전후에 펴온[232] 예로써 간략하게 이 해석을 하였으니 오직 자기를 비우고 찾아 구할 것이다.
이 이치를 믿지 않는다면 깊고도 깊은 법문이 나에게 무슨 간예干預[233]가 있겠는가.

鈔

以前後例下는 三에 結釋勸修라 前如現華表義하고 現衆表敎와 後如十慧로 說十住하고 十林說行하고 十幢說向하고 十藏說地와 離世間品에 菩薩萬行을 寄表甚深이 斯爲觀心이니 非是臆斷이라 不信此理

231 함께 열 가지 으뜸(十首) 보살을 이루는 것이라고 한 등은 성상成相이다.
232 유流는 여기서는 펼 류 자이다.
233 간예干預란, 간계하여 참견하는 것이다.

하고 一向外求하면 如數他寶일새 故非我分이라

전후에 펴온 예라고 한 아래는 세 번째 해석한 것을 맺고 닦기를 권하는 것이다.
앞에서 저 꽃을 나타내어 뜻을 표하고 대중을 나타내어 가르침을 표한 것과
뒤[234]에서 저 십혜로 십주를 설하고 십림으로 십행을 설하고 십당으로 십회향을 설하고 십장으로 십지를 설한 것과
이세간품에서 보살만행을 깊고도 깊음(甚深)에 의거하여 표한 것이 이것이 마음을 관찰하는 것이니
억측으로 판단하는 것이 아니다.
이 이치를 믿지 않고 한결같이 밖을 향하여 구한다면 마치 다른 사람의 보배를 헤아리는 것과 같기에 그런 까닭으로 나의 분상이라 할 수 없다.

---

234 뒤(後)란, 십주十住, 십행十行, 십회향十回向, 십지十地이다.

經

爾時에 文殊師利菩薩摩訶薩이 承佛威力하야 普觀一切菩薩衆會하고 而作是言호대 此諸菩薩이 甚爲希有하니라

그때에 문수사리보살마하살이 부처님의 위신력을 받아 널리 일체 보살의 회중을 관찰하고 이런 말을 하기를 이 모든 보살이 심히 희유합니다.

疏

第二에 爾時文殊下는 辨言說答이라 就文分四하리니 一은 歎衆希奇요 二에 諸佛子下는 牒問總歎이요 三에 何以故下는 徵歎總釋이요 四에 諸佛子如來下는 廣顯難思라 今初也니 前衆疑問거늘 佛令文殊答者는 以文殊가 示居此土하야 生有十徵하며 來自他方하야 體含萬德하며 降魔制外하야 通辨難思하며 化滿塵方하며 用周三際하며 道成先劫하야 已稱龍種尊王하며 現證菩提하야 復曰摩尼寶積이라하니 實爲三世佛母어니 豈獨釋迦之師리요

제 두 번째 그때에 문수사리보살이라고 한 아래는 말로써 답한[235] 것을 분별한 것이다.

---

235 언설답言說答이란, 前 영인본 화엄 4책, p.370, 6행에는 현상답現相答이고, 여기는 언설답言說答이다.

경문에 나아가 세 가지로 분류하리니
첫 번째는 대중이 희유하고 신기하다고 찬탄한 것이요
두 번째[236] 모든 불자라고 한 아래는 물음을 첩석하여 한꺼번에 찬탄한 것이요
세 번째[237] 무슨 까닭인가 한 아래는 찬탄한 것을 물어 한꺼번에 해석한 것이요
네 번째[238] 모든 불자여, 여래가라고 한 아래는 사의하기 어려운 것을 널리 나타낸 것이다.

지금은 처음으로 앞에서 대중이 의심하여 묻거늘 부처님이 문수로 하여금 답하게 한 것은 문수보살이 시현으로 이 국토에 거처하여 태어남에 열 가지 징조가 있으며
타방으로부터 와서 몸이 만덕을 포함하였으며
마군을 항복받고 외도를 제복하여 신통과 변재가 사의하기 어려우며
교화가 미진수 방소에 가득하며
작용이 삼제에 두루하며
도를 선겁先劫에 이루어 이미 용종상존왕이라 부르며
현재 보리를 증득하여 다시 말하기를 마니보적이라 하나니 진실로 삼세에 부처님의 어머니가 되거니, 어찌 홀로 석가모니의 스승만 된다 하겠는가.

236 두 번째 운운은 영인본 화엄 4책, p.395, 4행이다.
237 세 번째 운운은 영인본 화엄 4책, p.396, 1행이다.
238 네 번째 운운은 영인본 화엄 4책, p.397, 5행이다.

鈔

文殊者는 釋文殊說意니 上明是主菩薩이라 廬山遠公이 但云호대 文殊師利는 是遊方大士라하니 唯見一經이며 但覩一跡耳라 今具出之하리니 是主是客이며 亦果亦因이니 具難思也니라 言示生此土者는 卽文殊般泥洹經云호대 佛告跋陀婆羅하사대 此文殊師利는 有大慈悲하야 生此國土多羅聚落의 梵德婆羅門家하니 其生之時에 家內屋宅이 化如蓮華하며 從母右脇而生에 身紫金色이며 墮地能言에 如天童子하며 有七寶蓋가 隨覆其上이라하니 釋曰言此國者는 卽舍衛國이니 佛正在此說故니라 此經復云호대 文殊師利가 具三十二相과 八十種好라하니 則相好同佛이라 復有經說호대 生有十徵하니 無非吉祥이라 一은 光明滿室이요 二는 甘露垂庭이요 三은 地踊七珍이요 四는 神開伏藏이요 五는 鷄生鳳子요 六은 猪誕龍豚이요 七은 馬產麒麟이요 八은 牛生白澤이요 九는 倉變金粟요 十은 象具六牙라하니 由是得立妙吉祥號니라 來自他方者는 卽今經文에 從東方金色世界中來라하며 節節皆言所住世界하니 謂金色等이라 旣周法界호대 不動而遍하야 各領十佛刹塵數菩薩하야 說佛功德인댄 明萬德斯備矣니라 上二對는 標其主客이요 下略說勝德이라

문수라고 말한 것은 문수보살이 말한 뜻을 해석한 것이니
이상[239]은 주보살主菩薩을 밝힌 것이다.
여산 혜원 법사가 다만 말하기를 문수사리는 이 사방으로 노니는

239 이상이란, 시현으로 이 국토에 거처한다고 운운한 일대一對를 가리킨 것이다.

대사(遊方大士)다 하였으니,
오직 한 경(一經)만 본 것이며 다만 한 자취[240]만 보고 말한 것일 뿐이다.
지금에 갖추어 설출하리니 이 문수는 주보살이며 객보살[241]이며, 또한 과지보살이며[242] 또한 인지보살이니
갖추어 사의하기가 어렵다.

시현으로 이 국토에 태어났다고 말한 것은 곧 『문수반니원경』에 말하기를, 부처님이 발타바라에게 말씀하시기를 이 문수사리는 큰 자비가 있어서 이 국토의 다라라는 마을 범덕 바라문 집에 태어났으니,
그가 태어날 때에 가내에 옥택들이 변하여 연꽃과 같았으며,
어머니의 오른쪽 옆구리로 좇아 태어남에 몸이 자금색이었으며,
땅에 내려 능히 말을 함에 하늘의 동자와 같았으며,
칠보의 일산이 그 위를 덮고 있었다 하였으니
해석하여 말하면 이 국토라고 말한 것은 곧 사위국이니 부처님이 바로 이곳에 계시면서 설법하신 까닭이다.
이 『니원경』에 다시 말하기를 문수사리가 삼십이상과 팔십종호를

240 한 경(一經)과 한 자취는 객客의 일상一相이다.

241 주보살이란 문수보살이고, 객보살이란 사방으로 노니는 대사이다.

242 또한 과지보살 운운한 것은 소문에 문수가 시현으로 이 국토에 거처한다고 한 것으로부터 교화가 미진수 방위에 가득하였다고 한 것에까지는 인지이고, 작용이 삼제에 두루한다고 한 아래는 과지이다. 『잡화기』의 뜻도 이와 같다.

갖추었다 하였으니

곧 상호가 부처님과 같다는 것이다.

다시 어떤 경에 말하기를 태어남에 열 가지 징조가 있었으니 길상 아님이 없었다.

첫 번째는 광명이 집에 가득하였고

두 번째는 감로수가 마당에 흘러내렸고

세 번째는 땅에서 칠보가 솟아나왔고

네 번째는 귀신이 복장伏藏을 열었고[243]

다섯 번째는 닭이 봉황의 새끼를 낳았고

여섯 번째는 돼지가 용의 돼지[244]를 낳았고

일곱 번째는 말이 기린을 출산하였고

여덟 번째는 소가 사자 새끼[245]를 낳았고

아홉 번째는 창고에 쌀이 황금 쌀[246]로 변하였고

열 번째는 코끼리가 여섯 어금니를 갖추었다 하였으니,

이것을 인유하여 묘길상이라는 이름 세움을 얻은 것이다.

---

243 네 번째는 귀신이 복장伏藏을 열었다고 한 것은 귀신이 소복所伏의 보장寶藏을 개헌開獻하였다는 것이다. 그러나 『잡화기』는 이 말이 맞다고 할 수 있는가 하였다.

244 豘은 돼지 돈 자이다.

245 원문에 백택白澤은 짐승의 이름이니 사자師子이다. 고대 황제시대에 나타났다고 전한다.

246 粟은 곡식 속, 벼 속 자이다.

타방으로부터 왔다고 한 것은 곧 지금 경문에 동방금색세계 가운데로 좇아 왔다고 하였으며 절절節節마다 다 소주所住 세계를 말하였으니,
말하자면 금색세계 등이다.
이미 문수 등이 법계에 두루하되 움직이지 않고 두루하여 각각 십불찰 미진수 보살을 통령하여 부처님의 공덕을 설하였다면 만덕이 이에 구비하였음을 밝힌 것이다.
위에 두 가지 상대는[247] 그 주·객 보살을 표한 것이요,
그 아래는[248] 문수의 수승한 공덕을 간략하게 설한 것이다.

降魔制外하야 通辯難思者는 然此二句가 有通有別하니 通則通用通辯하야 降伏魔怨하며 制諸外道요 別則以神通怖之니 以威故言降이요 用四辯屈之니 以辯故言制니라 然其事頗多나 略擧一二하리라 如幻三昧經云호대 時有善住天子가 白文殊하야 同見佛호려하니 文殊가 現變三十二部와 交絡重閣한대 有諸菩薩이 先至佛所어늘 身子覩變하고 怪問佛하니 佛答호대 是文殊가 令諸菩薩集會라하니라 又問호대 何以不見文殊고 佛答호대 文殊가 住降毁諸魔하는 三昧正受하야 蔽魔宮殿하고 興大威變하야 詣如來所하니라 於是文殊가 住降毁諸魔三昧하니 應時三千大千世界에 百億魔宮이 一時皆蔽한대 不樂其

247 위에 두 가지 상대라고 한 것은 시현으로 이 국토에 거처하여 태어남에 열 가지 징조가 있다고 한 것과 타방으로부터 와서 몸이 만덕을 포함하였다는 것이다.

248 그 아래라고 한 것은 마군을 항복 받고 외도를 제복한다고 한 아래이다.

處하고 各各懷懼하니라 時魔波旬이 自見老耄하야 羸毁少氣하야 柱杖而行하며 所有宮人과 及彩女等도 亦復羸老하며 又見宮殿이 而復崩壞하야 暗暗冥冥하야 不知東西하니라 時魔波旬이 卽懷恐懼하야 身毛爲竪어늘 心自念言호대 此何變恠로 令吾宮殿으로 萎頓乃爾고 將死罪至하야 歸命終盡가 天地遇災하야 劫被燒耶아하고 時魔波旬이 棄除貢高하고 捨惡思想거늘 時文殊師利의 所化百億天子인 在交絡者가 住諸魔前하야 謂魔波旬호대 莫懷恐懼하라 汝等之身은 終無患難이리라 有不退轉의 菩薩大士하니 名文殊師利라 威德殊絶하야 總攝十方하나니 德過須彌하고 智超江海하며 慧越虛空하니라 於今已入降毁魔場하는 三昧正受하니 是其威神이라 下取意說호리라 時魔恐懼하고 魔宮震動하야 求化菩薩에 願見救濟어늘 菩薩答言호대 勿懼하고 可詣釋迦如來所하라 有無盡慈悲하야 令無所畏케하리라하야 言訖不現하니 魔卽俱來하야 詣佛請救호대 我等이 聞文殊名하고 卽懷恐懼하야 不能自安하야 畏亡身命하나다 佛讚文殊하시니 魔請歸依하고 願脫斯苦어늘 佛令且待須臾하라 文殊當來하면 卽脫此難하리라한대 後文殊至어늘 佛問三昧하니 彼廣說竟에 令捨諸魔케하니라 文殊問曰호대 汝穢惡此身耶아 魔答云爾니다 若爾인댄 當厭貪欲事하고 不住三界니라 魔敬從命거늘 卽令諸魔로 皆復本形하야 五體如故等이니 此卽降魔也니라

마군을 항복 받고 외도를 제복하여 신통과 변재가 사의하기 어렵다고 한 것은 그러나 이 두 구절이 한꺼번에 밝히는 것이 있고 따로 밝히는 것이 있나니,

한꺼번에(通) 밝힌다면 곧 신통과 변재를 한꺼번에 사용하여 마군과 원수를 항복받으며 모든 외도를 제복하는 것이요

따로 밝힌다면 곧[249] 신통으로써 그들을 두렵게 하는 것이니 위의를 사용한 까닭으로 항복받는다 말하는 것이요

네 가지 변재를 사용하여 그들을 굴복시키는 것이니 변재를 사용한 까닭으로 제복한다 말하는 것이다.

그러나 그러한 사실들이 자못 많지만 간략하게 한두 가지만 거론하겠다.

『여환삼매경』[250]에 말하기를 그때에 선주의 천자가 있어서 문수사리에게 여쭈어 다 같이 부처님을 친견하려 하니 문수사리가 서른두 부류[251]와 교락交絡하는 중각重閣을 변화하여 나타낸데 모든 보살[252]이 있어 먼저 부처님의 처소에 이르거늘, 신자身子가 그 변화하여 나타낸 것을 보고 괴이하게 생각하여[253] 부처님께 물으니 부처님이 답하시기를 이것은 문수사리가 모든 보살로 하여금 모이게 하는 것이다 하였다.

또 묻기를 무슨 까닭으로 문수를 보지 못합니까.

---

249 원문에 별명別明이라 한 명明 자는 즉則 자의 잘못이다.

250 『여환삼매경』이란, 제십권이다.

251 서른두 부류(三十二部)란, 아래 말한 바 백억 천자百億天子 등이요, 여기서 아래란 영인본 화엄 4책, p.385, 1행이다.

252 원문에 제보살諸菩薩이란, 아래에서 말한 바 화보살化菩薩 등이니, 다 문수보살이 화현化現한 것이다. 여기서 아래란 영인본 화엄 4책, p.385, 5행이고, 고본은 서자권暑字卷 33장, 5행이다.

253 恠는 괴怪 자와 같은 글자이다.

부처님이 답하시기를 문수사리가 모든 마군을 항복 받아 훼책하는 삼매三昧[254]인 정수正受에 머물러 마군의 궁전을 은폐하고, 큰 위력의 신변을 일으켜 여래의 처소에 갔다.

이에 문수사리가 모든 마군을 항복 받아 훼책하는 삼매에 머무니, 그때에 당하여[255] 삼천대천세계에 백억 마군의 궁전이 일시에 다 은폐된데, 그곳을 좋아하지 않고 각각 부끄러운[256] 생각을 품었다.

그때에 마왕 파순이 스스로 늙어[257] 파리하고 야위어 기운이 없어 주장자를 의지하여 걸어가며,

그곳 궁전에 있는 바 사람과 그리고 채녀 등도 또한 다시 파리하고 늙었음을 보며,

또 궁전이 다시 붕괴되어 캄캄하고 어두워 동쪽인지 서쪽인지 알 수 없음을 보았다.

그때에 마왕 파순이 곧 두려운 생각을 품어 몸에 털이 서거늘, 마음에 스스로 생각하여 말하기를 이 무슨 괴이한 일[258]로 나의 궁전으로 하여금 시들고 무너지게[259] 함을 이렇게 하는가.

장차 죽을죄가 이르러 목숨이 돌아가 마쳐 다하려는 것인가.

천지가 재앙을 만나 겁화劫火가 태움을 입으려는 것인가 하고.

---

254 삼매三昧란, 번역하면 정수正受이다.

255 應은 당할 응 자이다.

256 懅는 부끄러워할 거 자이다.

257 耄는 늙을 모 자이다.

258 원문에 변괴變恠는 곧 요괴妖怪이다.

259 돈頓 자는 무너질 돈 자이다. 자전에는 훼毀 자의 뜻이라 하였다.

그때에 마왕 파순이 공고貢高한 생각을 버리고 악한 생각을 버리거늘 그때에 문수사리가 화현한 바 백억 천자로서 교락하는 중각에 있던 이들이 모든 마군 앞에 머물러 마왕 파순에게 말하기를 두려워하는 생각을 품지 마라. 그대 등의 몸은 마침내 환란이 없을 것이다. 이에 퇴전하지 않는 보살 대사가 있나니 이름이 문수사리이다. 위덕이 수특하고 절묘하여 시방을 모두 섭수하나니, 공덕은 수미산을 지났고 지智는 강과 바다를 넘었으며 혜慧는 허공을 넘었다. 지금에는 이미 마군의 도량을 항복 받아 훼책하는 삼매인 정수에 들어갔으니 이것이 그 문수의 위신력이다.

이 아래는 뜻만 취하여 인용하겠다.

그때에 마군이 두려워하고 마군의 궁전이 진동하여 화현한 보살을 구제하려 함에 구제하는 것을 보기를 서원하거늘, 문수보살이 답하여 말하기를 두려워 말고 여래의 처소에 나아가는 것이 옳을 것이다. 끝없는 자비가 있어서 하여금 두려워할 바가 없게 할 것이다 하여 말을 마치고 나타나지 아니하니,

마군이 곧 함께 와서 부처님의 처소에 나아가 구제해 주기를 청하되 우리 등이 문수사리의 이름을 듣고 곧 두려운 생각을 품어 능히 스스로 편안치 못하여 몸과 목숨을 잃을까 두려워하였습니다. 부처님이 문수사리를 찬탄하시니 마군이 귀의하기를 청하고 이 고통에서 벗어나기를 서원하거늘, 부처님이 하여금 우선 잠깐만 기다려라. 문수사리가 당도하면 곧 이런 재난에서 벗어나게 할 것이다 한데, 그 뒤에 문수사리가 이르거늘 부처님이 그 삼매를 물으니 저 문수사리가 폭넓게 설하여 마침에 하여금 모든 마군을

사직하게 하였다.[260]
문수사리가 마군에게 묻기를 그대가 이 몸을 더러워하고 싫어하는가.
마군이 답하여 말하기를 그렇습니다.
만약 그렇다면 마땅히 탐욕의 일을 싫어하고 삼계에 머물지 말 것이다.
마군이 공경하여 그 명령을 따르거늘 곧 모든 마군으로 하여금 다 본래의 모습을 회복하여 오체가 옛날과 같게 하였다 한 등이니, 이것이 곧 마군을 항복 받았다는 것이다.

制外者는 卽文殊般泥洹經에 佛說호대 文殊가 初詣諸仙人하야 求出家法하니 諸婆羅門과 九十五種의 諸論義師가 無能酬對일새 唯於我所에 出家學道라하니라 餘文廣博하야 不可具引하니라 至如聖智가 怖心에 聞聲揚而躃地하며 寂順이 思觀에 入隱身而立空하니 故得帝釋欣喜하야 雨天華而至膝하며 蔽魔愁憂하야 行柱杖而垂淚하며 劫火燒刹에 蹈水芝上而經行하며 霖雨絶供에 化鉢飯而無盡하며 示多身以抗迦葉하며 放一鉢而發本源하니 皆是通辯降魔制外也니라 又如度二十億佛하야 現說法者는 持地猶存하고 化百千諸龍하야 立登正覺者는 王女是一이라 是以禮妙慧하야 而不忘敬本하며 勸善財而增長發心하며 無言於不二法門하며 悉力於安樂行品하며 敎龍吉祥之分衛에 下位莫知하며 答瑠璃光之光明에 正覺稱妙하며 談般若之

260 원문에 영사제마令捨諸魔란, 부처님이 모든 마군을 사직케 한다는 뜻이다.

玄致에 屢質本師하며 說權實之雙行에 頻驚小聖하니 皆辯才也니라 化滿塵方者는 辯德用의 橫竪深廣也니 謂十方微塵刹土가 皆是文殊化處라 故菩薩處胎經云호대 我身如微塵하야 今在他國土호대 三十二相明하야 在在無不現이라하니라 餘如衆海雲集中引이라 又般泥洹經云호대 住首楞嚴三昧하야 以三昧力으로 於十方國에 或現初生出家하며 滅度入般涅槃하며 分布舍利하야 饒益衆生이라하며 又寶藏陀羅尼經에 廣說하니 至下菩薩住處品하야 當更明之하리라 卽今文中에 一切處에 一時說偈는 卽橫周法界라

외도를 제복하였다고 한 것은 『문수반니원경』에 부처님이 말씀하시기를 문수가 처음 모든 선인에게 나아가 출가의 법을 구하니, 모든 바라문과 구십육 종의 모든 논의사論義師가 능히 말이 없기에 오직 나의 처소에 출가하여 도를 배운다 하였다.

나머지는 경문이 넓어서 가히 갖추어 인용하지 않는다.

저 성지聖智가 두려운 마음에[261] 문수가 소리 냄을 듣고 땅을 침에

---

261 저 성지聖智가 두려운 마음에 운운한 것은, 『잡화기』에 말하기를 이 아래 연기를 설출한 것이 다분히 자세하지 아니함이 있나니 뒤에 널리 구하는 자를 기다린다. 대개 성지와 적순은 다 사람 이름이다. 저 성지가 두려운 마음에 문수가 소리 냄을 인하여 땅을 침에 이르렀으며, 적순이 생각해 봄에 문수가 은신삼매에 들어감을 인하여 허공에 섰으니, 은신은 곧 삼매의 이름이다 하였다. 성지聖智는 『문수사리현보장경文殊師利現寶藏經』 상권에 말하기를 성지가 몸을 제칠 범천에 솟구쳐 설법하니 그 소리가 삼천대천세계에 두루 들리기에 문수가 광음천상에 올라가 소리를 드날려 마군의 궁전을 진동시켰다 하였다. 『문수사리현보장경』은 축법호가 번역하였다.

이르렀으며
적순寂順[262]이 생각해 봄에 문수가 은신隱身삼매에 들어감을 인하여 허공에 서니 그런 까닭으로 제석이 환희하여 하늘 꽃을 비 내려 무릎까지 이르게 하였으며
폐한 마군이 근심하여 주장자를 짚고 와 눈물을 흘리게 하였으며
겁화劫火[263]가 세계를 태움에 연꽃[264]을 밟고 그 위로 지나가게 하였으며
장맛비[265]에 공양이 끊어짐에 발우에 밥을 변화하여 끝이 없게 하였으며
수많은 몸을[266] 시현하여 가섭을 꾸짖었으며
한 발우[267]를 놓아 본원本原을 일으키게 하였으니
다 이것이 신통과 변재로 마군을 항복받고 외도를 제복한 것이다.
또 이십억 부처님을[268] 제도하여 현재 설법하게 하는 이는 지지持地

---

262 적순寂順은 적순율음동자寂順律音童子이니 『불설문수사리정율경佛說文殊師利淨律經』에 나온다.

263 겁화劫火 운운은 『보장경寶藏經』에 나온다. 霖은 장마 림 자이다.

264 수지水芝는 연꽃이다.

265 장맛비 운운도 『보장경寶藏經』에 나온다.

266 수많은 몸 운운은 『大乘瑜伽金剛性海曼殊室利千臂千鉢大教王經』(不空三藏譯) 십권十卷 중 제5권에 나온다. 또 『염송설화拈頌說話』 제2권 4장에 나온다. 『염송설화』 제2권에 나온다는 것은 『잡화기』의 말이다.

267 한 발우 운운은 『방발경放鉢經』에 나온다.

268 또 이십억 부처님 운운은 『문수사리불토엄정경文殊師利佛土嚴淨經』 下卷(竺法護 譯)에 나온다.

부처님만이 오히려 있고[269] 백천의 모든 용을[270] 교화하여 곧 정각에 오르게 한 이는 왕녀王女[271] 이 한 사람뿐이다.

이런 까닭으로 묘혜妙慧[272]에게 예배하여 공경의 근본을 잃지 않았으며

선재에게[273] 권하여 발심을 증장케 하였으며

말을[274] 불이법문에서 다하였으며

힘을[275] 안락행품에서 다하였으며

용길상보살에게[276] 걸식(分衛)의 법을 가르침에 하위下位 보살들은

---

269 원문에 지지유존持地猶存이란, 『문수사리불토엄정경文殊師利佛土嚴淨經』 下卷에 말하기를 往古世에 뇌음향여래雷音響如來의 처소에서 道心을 發한 者가 다 이미 成佛한 것은 다 이 文殊師利가 권하여 發心케 한 때문이다. 지금 현재에도 한 부처님이 說法하고 멸도하지 않고 있다. 下方世界 四十四 항하사 佛土에 그 땅 밑의 세계에 있나니 그 부처님의 이름은 持地如來로서, 지금 현재에도 설법하고 있다 하였다. 지지여래는 二十億佛 중 한 분이다. 이 경은 축법호의 번역이다. 『잡화기』는 지지 부처님은 곧 이십억 부처님 가운데 한 분이라고만 말하였다.

270 백천의 모든 용 운운은 『법화경法華經』 제바달다품에 나온다.

271 왕녀王女는 八歲龍女이니 사갈라 용왕의 딸이다.

272 묘혜妙慧는 초심보살初心菩薩이니 문수보살文殊菩薩보다 삼십억겁三十億劫 전에 발심發心하였다. 『불설수마제보살경佛說須摩提菩薩經』에 나온다. 수마제를 번역하면 묘혜妙慧이다.

273 선재善財 운운은 『화엄경』에 나온다.

274 말을 운운은 『유마경』에 나온다.

275 힘을 운운은 『법화경』에 나온다.

276 용길상 운운은 『대반야경』 五十六卷(왕자권往字卷 下, 32장)에 나온다.

알지 못하였으며
유리광보살의[277] 광명을 답함에 정각이 묘하다 이름하였으며
반야의[278] 현묘한 이치를 말함에 자주 본사에게 질문하였으며
방편과 진실의 두 가지 행을 말함에 자주 소성小聖[279]들을 놀라게 하였으니 다 변재이다.

교화가 미진수 방위에 가득하였다고 한 것은 공덕의 작용이 횡수橫竪로 깊고도 넓은 것을 분별한 것이니,
말하자면 시방의 미진수 국토가 다 이 문수의 교화할 처소이다.
그런 까닭으로 『보살처태경』에 말하기를 나의 몸은 미진수와 같아서 지금 저 국토에 있으되 삼십이상을 분명히 하여 곳곳에 나타나지 아니함이 없다 하였다.
나머지는 중회운집[280] 가운데서 인용한 것과 같다.
또 『반니원경』에 말하기를 수능엄삼매에 머물러 삼매의 힘으로써 시방 국토에 혹은 처음 태어나 출가하며,
멸도하여 반열반에 들어가며,
사리를 분포하여 중생을 요익케 함을 나타낸다 하였으며
또 『보장다라니경』에도 널리 설하였으니 아래 보살주처품에 이르러

277 유리광 운운은 『대열반경大涅槃經』 二十一卷(왕자권往字卷 上, 5장)에 나온다. 그리고 영자권盈字卷에도 한 번 나왔다.

278 반야 운운은 『문수반야경』에 나온다.

279 소성小聖은 소승의 성인이다.

280 중회운집이란, 월자권月字卷 상권, 6장에 있다.

마땅히 다시 밝히겠다.

곧 지금 경문 가운데 일체 처소에서 일시에 게송을 설한 것은 곧 횡橫으로 법계에 두루한 것이다.

道成先劫者는 此下는 別明竪窮이니 略示一二也리라 先劫卽過去라 名龍種上尊王은 智度論十二에 具引首楞嚴三昧經說호대 名龍種上尊王이라하고 經文엔 但名龍種上佛이라하니 卽譯人廣略耳니라 五十三佛名에 亦名龍種上尊王이라하니라 其首楞嚴三昧經은 有三卷하니 卽當下卷이라 因文殊가 廣說首楞嚴三昧境界竟하야 爾時에 長老摩訶迦葉이 白佛言호대 世尊이시여 我謂文殊法王子가 曾於先世에 已作佛事일새 現坐道場하야 轉於法輪하야 示諸衆生하고 入大涅槃이라하니다 佛言如是如是라 如汝所說하니라 迦葉아 過去久遠無量無邊不可思議阿僧祇劫에 爾時有佛하니 號龍種上尊王如來應供正遍知云云하며 於此世界南方으로 過於千佛國土하야 國名平正이라 無有沙礫瓦石과 丘陵堆阜하야 地平如掌하고 生柔軟草호대 如迦陵伽어늘 龍種上佛이 於彼世界에 得阿耨多羅三藐三菩提하야 初轉法輪하야 敎化成就七十億數諸菩薩衆云云하며 佛壽는 四百四千萬歲라하니라 下取意引하리라 涅槃後에 起三十六億塔하며 法住는 十萬歲라 記智明菩薩호대 次當作佛이라하고 下結會云호대 爾時에 平等世界에 龍種上佛이 豈異人乎아 卽文殊法王子是라하니라

도를 선겁에 이루었다고 한 것은 이 아래는 수竪로 다함을 따로 밝힌 것이니,

간략하게 한두 가지만 시현하겠다.
선겁이라고 한 것은 곧 과거를 말하는 것이다.
이름을 용종상존왕이라고 한 것은 『지도론』 십이권에 『수능엄삼매경』을 갖추어 인용하여 말하기를 이름을 용종상존왕이라 하였고 경문에는 다만 이름을 용종상불이라고만 하였으니,
곧 번역하는 사람이 광廣·약略[281]으로 번역하였을 뿐이다.
오십삼불 명호에도 또한 이름을 용종상존왕이라 하였다.
그 『수능엄삼매경』은 세 권이 있나니 곧 하권에 해당한다.
문수사리가 수능엄삼매 경계를 널리 설하여 마침을 인하여, 그때에 장로 마하가섭이 부처님께 여쭈어 말하기를 세존이시여, 저희들은 말하기를 문수사리 법왕자가 일찍이 선세에 이미 불사를 지었기에 현재 도량에 앉아 법륜을 전하여 모든 중생에게 보이고 대열반에 들어갔다 하였습니다.
부처님이 말씀하시기를 그래, 그래. 그대가 설한 바와 같다.
가섭아,
과거 아득한 옛적 한량없고 끝없는 불가사의한 아승지세월에 그때에 부처님이 계셨으니
이름이 용종상·여래·응공·정변지라 운운云云하였으며
이 세계 남쪽으로 일천 부처님의 국토를 지나서 국토가 있으니
이름이 평탄하고 방정한 세계이다.
모래와 자갈과[282] 기와와 돌과 언덕과 흙무더기가 없어서 땅이 평탄

281 광廣은 용종상존왕龍種上尊王이고, 약略은 용종상불龍種上佛이다.

하기가 손바닥 같고 부드러운 풀들이 생겨나되 마치 가릉가[283]와 같거늘, 용종상 부처님이 저 세계에서 아뇩다라삼먁삼보리를 얻어서 처음 법륜을 전하여 칠십억 수의 모든 보살대중을 교화하여 성취케 한다 운운云云하였으며
부처님의 수명은 사백사천만 세다 하였다.
이 아래는 뜻만을 취하여 인용하겠다.
열반하신 뒤에 삼십육억 개의 탑을 세웠으며
부처님의 법이 머무는 시간은 십만 세이다.
지명보살에게 수기하시기를 이 다음에 마땅히 부처가 될 것이다 하시고, 그 아래에 맺어 회석하여 말씀하시기를 그때에 평등세계에 용종상 부처님이 어찌 다른 사람이겠는가. 곧 문수 법왕자가 이분이다 하였다.

言現證菩提者는 卽央掘摩羅經이라 此經有四卷하니 事出第四라 初卷中明호대 舍衛城北에 有村하니 名薩那요 有一貧窮의 婆羅門女하니 名跋陀羅요 女生一子하니 名一切世間現이라 少失其父나 年將十二에 聰明辯慧러라 有異村하니 名頗羅訶私요 有一舊住한 婆羅門師하니 名摩尼跋陀羅라하니라 下取意引하리라 世間現이 從其受學이러

282 砂는 사沙 자와 같다. 爍은 礫이니 자갈 력 자이다. 埠는 堆니 흙무더기 퇴 자이다. 阜는 언덕 부 자이다.

283 가릉가는 『혜림음의慧琳音義』에는 나라 이름이니 파바리波婆利로써 모의毛衣라 번역하였고, 삼덕지三德指 이권二卷에는 세활의細滑衣라 번역하였다. 그러나 『잡화기』는 중국말로 무슨 말인지 자세하지 않다고만 하였다.

니 師受王請하야 留其守舍한대 師婦年少하야 染心逼之어늘 世間現不受하니 其師少婦가 自懸毀害하야 師歸乃言호대 世間現强逼이라한대 師言호대 汝已爲惡하니 當殺千人인댄 可滅汝罪하리라 卽殺千人하고 還歸見師한대 師怪其存하야 又令殺千人하야 各取一指하야 作鬘冠首어늘 唯欠一人이러니 母爲送食에 便欲害母한대 世尊現前하니 捨母趣佛하야 爲佛所降이라하야 廣顯深妙하니라 第四末에 波斯匿王이 嚴四兵至하야 欲罰央掘하야 來至佛所어늘 佛示央掘하고 後發其跡云호대 大王이여 南方去此하야 過六十二恒河沙刹하야 有國하니 名一切寶莊嚴이요 佛名一切世間樂見上大精進이라하니라 下取意引하리라 壽命無量하고 國土嚴淨하고 純說一乘하나니 卽央掘是라하니라 由前文殊가 廣與對揚하야 後顯文殊之跡云호대 大王이여 北方去此하야 過四十二恒河沙刹하야 有國하니 名常喜요 佛名歡喜藏摩尼寶積이라 純一大乘이요 無餘乘名이니 卽文殊師利是라하니 故云現證菩提하여 復云摩尼寶積은 蓋言略耳니라 下顯師及師婦와 央掘之母三人이 皆是如來化現耳니라 上略擧過現하고 不說未來成佛者는 未來成佛은 現卽是因이니 非殊勝故로 疏略不顯거니와 若欲說者인댄 卽大寶積의 文殊會中說호대 於未來成佛하리니 號普見如來요 以恒河沙界莊嚴으로 爲一佛國하리니 以安養世界의 莊嚴比之하면 析毛滴海라도 不可爲喩니라 其中衆生은 具三十二相하고 天眼無礙하야 鏡照十方하며 不聞生老病死等苦하고 但出佛法僧聲하며 若人欲見인댄 應念便覩하고 不待解釋하고도 疑網皆除하며 聞名得最上善利하고 聆記爲面에 見諸佛等이라하니라

현재 보리를 증득하였다고 한 것은 곧 『앙굴마라경』이다.

이 경이 네 권이 있나니 그 사실은 제사권에 나온다.

초권 가운데 밝히기를 사위성 북쪽에 마을이 있으니 이름이 살라薩那요

한 사람의 가난한 바라문 여인이 있으니 이름이 발타라요

여인이 한 아들을 낳았으니 이름이 일체 세간현이다.

어릴 적에 아버지를 잃었으나 나이가 장성하여 열두 살에 총명과 변재와 지혜를 갖추었다.

다른 마을이 있으니 이름이 파라하사요

한 사람의 그곳에 옛적부터 머문 바라문의 스승이 있으니 이름이 마니발타라다 하였다.

이 아래는 뜻만을 취하여 인용하겠다.

세간현이 그로 좇아 수학하더니 스승이 왕의 청을 받아 가므로 그곳에 머물러 집을 지킨데, 스승의 부인이 나이가 적어 염심染心으로 그를 핍박하거늘 그 세간현이 받아들이지 아니하니, 그의 스승 젊은 부인이 노끈으로 스스로를 매달고[284] 손톱으로 몸을 해치고서[285] 스승이 돌아옴에 이에 말하기를 세간현이 강제로 핍박하였다 한데, 스승이 말하기를 그대가 이미 죄악을 범하였으니 마땅히 천 명의 사람을 죽인다면 가히 그대의 죄악을 소멸케 하겠다. 즉시에 일천 명의 사람을 죽이고 도리어 돌아와 스승을 친견한데,

---

284 자현自懸은 노끈으로 스스로 매달아 다리가 땅에 닿지 않게 하는 것이다.

285 훼해毁害는 손톱으로 스스로 그 몸을 해치는 것이다. 『잡화기』의 뜻도 이와 같다.

스승이 그가 살아 있음을 괴이하게 여겨 또다시 그로 하여금 일천 명의 사람을 죽여 각각 한 개의 손가락을 취하여 목걸이를 만들어 머리에 쓰게 하거늘, 오직 한 사람이 모자라더니 어머니가 밥을 주어 보내려 함에 문득 어머니를 죽이려 한데, 세존께서 그의 앞에 나타나니 어머니를 버리고 부처님께 나아가 부처님께 항복한 바가 되었다 하여 깊고도 묘함을 폭넓게 나타내었다.

『앙굴마라경』 제사권 말에 바사익왕이 사병四兵을 거느리고[286] 와 앙굴마라를 벌하고자 부처님의 처소에 이르거늘, 부처님이 앙굴마라를 보이고 그런 뒤에 그 앙굴마라의 자취[287]를 일러 말씀하시기를 대왕이여, 남쪽으로 여기를 지나 육십이 항하사 세계를 지나 국토가 있으니 이름이 일체보배장엄이요, 부처님은 이름이 일체세간낙견상대정진불이다 하였다.

이 아래는 뜻만을 취하여 인용하겠다.

수명은 한량이 없고 국토는 장엄되어 청정하고 순수하게 일승법만 설하나니, 곧 앙굴마라가 이 사람이다 하였다.

이 앞의 경문에서 문수가[288] 널리 앙굴마라로 더불어 상대하여 성교

---

286 엄嚴 자는 인솔, 거느리다의 뜻이다.

287 적迹이란, 자취로써 전생의 모습이니 본문本門과 대비되는 적문迹門이라 하겠다.

288 이 앞의 경문에서 문수가 운운한 것은 이 위에서는 다만 연기만 말하였고, 여기서는 그 자취를 바로 인용하였으니 차전次前의 경문에 문수가 앙굴마라로 더불어 번갈아 서로 문답하여 성교聖敎를 현양한 까닭으로 뒤에 그 자취를 나타낸 것이다. 역시 『잡화기』의 말이다.

聖教를 현양顯揚함을 인유하여 이 뒤에 문수의 자취를 나타내어 말씀하시기를 대왕이여, 북쪽으로 여기를 지나 사십이 항하사 세계를 지나 국토가 있으니 이름이 상희요,
부처님은 이름이 환희장마니보적불이다.
순수한 하나의 대승뿐이고 여승餘乘의 이름은 없나니 곧 문수사리가 이 사람이다 하였으니,
그런 까닭으로 말하기를 현재 보리를 증득하여 다시 마니보적이라고 말한 것은 대개 말이 생략되었을 뿐이다.
이 경문 아래에 앙굴마라의 스승과 그리고 스승의 부인과 앙굴마라의 어머니 세 사람이[289] 다 이 여래의 화신임을 나타내었다.
이 위에서는 과거·현재의 성불을 간략하게 거론하였고 미래의 성불을 말하지 아니한 것은, 미래의 성불은 현재가 곧 이 원인이니 수승하지 않는 까닭으로 소문에서는 생략하고 나타내지 아니하였거니와,
만약 말하고자 한다면 곧 『대보적경』의 문수회 가운데 말하기를 미래에 성불하리니 이름이 보견여래요,
항하사 세계 장엄으로써 한 부처님의 국토를 삼으리니 안양 세계의 장엄으로써 비교한다면 털을 쪼개어 바다의 물방울과 같게 할지라도[290] 가히 비유가 될 수 없다.

---

289 세 사람 운운은 저 『앙굴경』 끝에 세 사람이 다 게송을 설하고 몸을 허공에 솟구쳐 앉아 죽고는 나타나지 않거늘, 부처님이 바사익왕에게 일러 말씀하시기를 저 세 사람은 내가 환화幻化로 시현한 바이다 하였다. 역시 『잡화기』의 말이다.

그 가운데 중생은 삼십이상을 구족하고 천안이 걸림이 없어서 거울 같이 시방을 비추며
생로병사 등 고통의 소리를 듣지 않고 다만 불법승의 소리만을 들으며,
만약 어떤 사람이라도 문수를 보고자 한다면 생각에 응하여 문득 보고, 해석을 기다리지 않고도 의심의 그물을 다 제멸하며,
이름을 들으면 최상의 선한 이익을 얻고, 듣고 기억하면 면전에서 모든 부처님을 친견할 것이다 한 등이다.

實爲三世佛母者는 結其實德이니 七十九經云호대 文殊師利의 所有大願은 非餘無量百千億那由他菩薩之所能有니라 善哉라 文殊師利여 其行廣大하고 其願無邊하야 出生一切菩薩功德호대 無有休息하며 善哉라 文殊師利여 常爲無量百千億那由他諸佛母하며 常爲無量百千億那由他諸菩薩師하야 教化成就一切衆生等이라하니라 佛名經說호대 過去無量恒河沙佛이 皆是文殊의 教令發心이라하니 然猶帶數이라 故今顯實인댄 實爲一切佛母하나니 不可窮其始末이니라 豈獨釋迦之師者는 卽前所引處胎經云호대 昔爲能仁師러니 今爲佛弟子라 二尊不並立일새 故我爲菩薩이라하니 卽法華九世祖師도 亦帶方便이요 住首楞嚴三昧도 亦是跡中이라 故弛張乎權實之場하며 瑩徹乎眞如之際하며 住諸佛不思議之境거니 豈可語其始終이리

290 털을 쪼개어 바다의 물방울과 같게 한다고 한 것은 그 털을 쪼갠 것으로써 그 바다의 물방울과 같게 하는 양을 말하는 것이니, 본문을 볼 것이다고 『잡화기』는 말한다.

요만은 無言强言하야 爲三世之佛母耳니라

진실로 삼세에 부처님의 어머니가 된다고 한 것은 그 문수의 진실한 공덕을 맺는 것이니,
화엄 칠십구경에 말하기를 문수사리에게 있는 바 큰 서원은 나머지 한량없는 백천억 나유타 보살에게 있는 바가 아니다.
거룩하다. 문수사리여,
그 행이 광대하고 그 서원이 끝이 없어서 일체 보살의 공덕을 출생하되 쉼이 없으며,
거룩하다. 문수사리여,
항상 한량없는 백천억 나유타 모든 부처님의 어머니가 되며,
항상 한량없는 백천억 나유타 모든 보살의 스승이 되어 일체중생을 교화하여 성취케 하는 등이다 하였다.
『불명경』에 말하기를 과거에 한량없는 항하사 부처님이 다 문수가 가르쳐 발심케 한 분들이다 하였으니,
그러나 오히려 대수석帶數釋[291]에 가깝다.
그런 까닭으로 지금에 진실을 나타낸다면 진실로 일체 부처님의 어머니가 되나니,
가히 그 처음과 끝을 궁구하지 말 것이다.

---

291 대수석帶數釋이라고 한 것은 대수帶數로 해석한 것이니 삼세에 항하사라고 말한 것이 다 이것을 말하는 것이다.

어찌 홀로 석가모니의 스승만 된다 하겠는가라고 한 것은 곧 앞에서 인용한 바 『보살처태경』에 말하기를 옛날에는 능인能仁[292]의 스승이 되었더니 지금에는 부처님의 제자가 되었다. 이존二尊을 아울러 세우지 않기에 그런 까닭으로 나[293]를 보살이라 한다 하였으니,
곧 법화 구세조사[294]도 또한 방편을 띤 것이요,
수능엄삼매에 머문 것도 또한 자취(迹門) 중의 일이다.
그런 까닭으로 방편과 진실의 도량을 이장弛張[295]하며
진여의 경계를 밝게 사무치며
모든 부처님의 사의할 수 없는 경계에 머물거니 어찌 가히 그 처음과 끝을 말하리요마는, 말없는 가운데 굳이 말을 하여 삼세에 부처님의 어머니가 되었다고 하였을 뿐이다.

疏

影響而來하야 一切咸見일새 故其說也니라 何不待請고 敬同佛故

---

292 능인能仁은 석가모니이고, 문수는 능인의 스승이다.

293 나란, 문수이다.

294 구세조사라고 한 것은 『법화경』 서품을 보니 증명의 팔자八子가 다 묘광妙光(문수의 전신前身)을 스승으로 삼고 석가도 또 최후에 연등을 스승으로 삼은 까닭으로 묘광이 구세조사가 되는 것이니 묘광은 곧 문수이다. 이상은 다 『잡화기』의 말이다. 『법화경』에는 석가가 아니고 미륵이라 하였다. 『유망기』에는 염송에 말하기를 칠불조사라 하니 비바시불 등 칠불이라 하였다.

295 이장弛張은 자전字典에 느슨함과 켕김, 성함과 쇠함이라 하였다. 그러나 여기서는 널리 편다는 뜻이 좋을 듯하다.

니라 何不待告고 承佛神力하며 佛意許故니라 衆旣念請거늘 佛方現相하시니 非夫尊極大士면 安得理契潛通이리요 故上以光示普賢하시고 此乃冥加妙德하시니라 若爾인댄 普賢云何定後更請고 表說所信이 甚深細故니라 何不入定고 以果從因하야 同於信故니 餘如上說하니라 何故無加고 以無定故며 又承佛神力이 是冥加故니라

그림자처럼 메아리처럼 와서 일체법을 다 보기에 그런 까닭으로 설법하는 것이다.
어찌 청함을 기다리지 않는가.
부처님과 같이 공경하기 때문이다
어찌 말함을 기다리지 않는가.
부처님의 위신력을 받았으며 부처님이 뜻에 허락한 까닭이다.
대중이 이미 생각으로 청(念請)하였거늘 부처님이 비로소 모습을 나타내시니,
대저 존극한 대사가 아니면 어찌 이치에 계합하는 것이 그윽이 통함을 얻겠는가.
그런 까닭으로 위에서는 광명으로써 보현에게 보이시고,
여기서는 이에 묘덕(문수)에게 그윽이 가피하셨다.
만약 그렇다면 보현이 어떻게 삼매에 든 뒤에 다시 청하는가.
소신인과를 설한 것이 깊고도 섬세함을 표한 까닭이다.
어찌하여 삼매에 들지 않았는가.
과보로써 원인을 좇아 십신과 같게 하는 까닭이니

나머지는 위에서[296] 설한 것과 같다.
무슨 까닭으로 가피가 없는가.
삼매가 없는 까닭이며,
또 부처님의 위신력을 받은[297] 것이 이것이 그윽이 가피한 것인 까닭이다.

鈔

影響而來者는 結也니 影響은 顯非實因也라 何不入定者는 問意云호대 信未入位일새 許不入定거니와 今說佛三業거니 何不入定고할새 故爲此通하니라 以果從因은 因卽十信이니 十信不入일새 果亦不入이니 是十信中에 所說果故니라

그림자처럼 메아리처럼 왔다고 한 것은 맺는말이니
그림자와 메아리는 진실한 원인이 아님을 나타낸 것이다.
어찌하여 삼매에 들지 않았는가라고 한 것은, 묻는 뜻에 말하기를 십신은 지위에 들지 않기에 삼매에 들지 아니함을 허락하거니와 지금은 부처님의 삼업을 설하거니 어찌 삼매에 들지 않았는가 하기에 그런 까닭으로 이 통석을[298] 하였다.

---

296 위에서라고 한 것은 영인본 화엄 4책, p.328, 6행이다.

297 또 부처님의 위신력을 받았다고 한 아래는 경문에 승불신력承佛神力이라 한 것이 곧 그윽이 가피한 까닭이라는 것이다.

298 이 통석이라고 한 것은 과보로써 원인을 좇아 십신과 같게 하는 까닭이다고 한 것이다.

과보로써 원인을 좇았다고 한 것은 원인은 곧 십신이니, 십신은 지위에 들지 않기에 과보도 또한 들지 않는 것이니, 이것은 십신 가운데 설한 바 과보인 까닭이다.

疏

歎衆希有者는 略有五義하니 感應懸隔하야 難一遇故요 德行內充하야 總稱歎故요 以名表法이 甚希有故요 創起信行이 未曾有故요 此一衆會가 卽是等空法界會故라

보살대중을 찬탄하되 희유하다고 한 것은 간략하게 다섯 가지 뜻이 있나니
감동케 하고 응하는 것이 현격하여 한 번도 만나기 어려운 까닭이요
덕행이 안으로 충만하여 모두 다 칭찬하는 까닭이요
이름으로써 법을 표한 것이 매우 희유한 까닭이요
처음 신행을 일으킨 것이 일찍이 있지 아니한 까닭이요
이 한 보살 중회가 곧 허공법계와 같은 회인 까닭이다.

經

諸佛子야 佛國土는 不可思議며 佛住와 佛刹莊嚴과 佛法性과 佛刹淸淨과 佛說法과 佛出現과 佛刹成就와 佛阿耨多羅三藐三菩提는 皆不可思議니라

모든 불자여, 부처님의 국토는 가히 사의할 수 없으며,
부처님의 머무시는 곳과
부처님의 세계 장엄과
부처님의 법성과
부처님의 세계 청정과
부처님의 설법과
부처님의 출현과
부처님의 세계 성취와
부처님의 아뇩다라삼먁삼보리는 다 가히 사의할 수 없습니다.

疏

二에 牒問中에 脫於刹體라 佛出現者는 卽前威德也라 阿는 云無也요 耨多羅는 上也요 三者는 正也요 藐者는 等也라 又三은 遍也요 菩提는 覺也니 謂道不可加를 曰無上也요 無邪委知를 爲正遍也라

두 번째 질문을 첩석한 가운데 부처님의 세계[299] 자체가 빠졌다. 부처님의 출현이라고 한 것은 곧 앞[300]의 위덕이다.

아阿는 말하자면 무無요
뇩다라耨多羅는 상上이요
삼三은 정正이요
먁藐은 등等이다.
또 삼三은 변遍이요
보리菩提는 각覺이니,
말하자면 가히 더할 것이 없는 것을 무상無上이라 말하고,
삿됨 없이 자세히 아는 것을 정변正遍이라 하는 것이다.

---

299 찰체刹體가 빠졌기에 아홉 구절(九句)뿐이다.

300 앞이라고 한 것은 영인본 화엄 4책, p.345, 6행이다.

經

何以故요 諸佛子야 十方世界에 一切諸佛이 知諸衆生의 樂欲不同하야 隨其所應하야 說法調伏호대 如是乃至等法界와 虛空界하니라

무슨 까닭인가. 모든 불자여, 시방세계에 일체 모든 부처님이 모든 중생의 좋아하고 욕망하는 것이 같지 아니한 줄 알아서 그들이 응하는 바를 따라 설법하여 조복하되 이와 같이 내지 법계와 허공계와 같이 하십니다.

疏

三에 徵釋中에 徵上難思言也요 下釋云호대 能感之機가 差別無邊일새 如來普應도 周于法界하야 廣難思也라하니 下結文에 具顯하리라

세 번째 묻고 해석한 가운데 위에 사의하기[301] 어렵다는 말을 물은 것이요,
아래 해석하여[302] 말하기를 능히 감感하는 근기가 차별하여 끝이 없기에 여래가 널리 응應하는 것도 법계에 두루하여 넓어서 사의하기

301 위에 사의하기 운운한 것은 물은 것이다.
302 아래 해석하여 운운한 것은 해석한 것이다.

어렵다 하니[303]

아래의 결문結文에서 갖추어 나타내겠다.

鈔

下結文에 具顯者는 卽品末云호대 如世尊이 昔爲菩薩時에 以種種談論과 種種語言과 種種音聲과 種種業과 種種報와 種種處와 種種方便과 種種根과 種種信解와 種種地位로 而得成就인달하야 亦令衆生으로 如是知見하야 而爲說法이라하니 卽其文也라

아래의 결문에서 갖추어 나타내겠다고 한 것은 곧 이 여래명호품의 말에[304] 말하기를 세존이 옛날에 보살이 되었을 때에 가지가지 담론과

303 넓어서 사의하기 어렵다고 한 등은, 소문에 배속한 바를 기준한다면 곧 경문에 좋아하고 욕망하는 것이 같지 않다고 한 이상으로써 넓어서 사의하기 어렵다고 한 것에 배속하고, 그들이 응하는 바를 따라서라고 한 등의 두 구절로써 깊어서 사의하기 어렵다고 한 것에 배속하고, 이와 같이라고 한 아래로써 많은 법문을 사의하기 어렵다고 한 것에 배속한 것이니 이치가 반드시 이와 같은 것이다. 만약 넓어서 사의하기 어려운 것이라고 한다면 곧 응당 일단의 경문을 모두 취하여야 그 뜻이 바야흐로 이루어지는 것이다. 이상은 역시 『잡화기』의 뜻이다.

304 여래명호품의 말이라고 한 것은 영인본 화엄 4책, p.428, 6행 경문이다. 『잡화기』에는 저 명호품 말에 두 가지 해석이 있으되 지금에는 다 한꺼번에 취한 것이다 하였다. 두 가지 해석이란 一은 자기유어차별自旣由於差別 운운이고, 二는 석보살시昔菩薩時 운운이니 영인본 화엄 4책, p.428, 10행과 p.429, 2행에 있다.

가지가지 언어와

가지가지 음성과

가지가지 업과

가지가지 과보와

가지가지 처소와

가지가지 방편과

가지가지 근기와

가지가지 믿고 아는 것과

가지가지 지위로써 성취함을 얻은 것과 같이, 지금에 또한 중생으로 하여금 이와 같이 알아보게 하기 위하여 법을 설한다 하였으니 곧 그 문장이다.

疏

又隨宜說法이 意趣難思라 又等法界者는 擧一說法하야 等餘多門이니 門不可盡하야 量等法界하니 法門難思라

또 마땅함을 따라 법을 설하는 것이 뜻이 사의하기 어려운 것이다. 또 법계와 같다고 한 것은 하나의 설법을 들어 나머지 많은 법문을 등취한[305] 것이니,

법문이 가히 끝이 없어서 그 양이 법계와 같나니 법문을 사의하기

305 나머지 많은 법문을 등취한다고 한 것은 광명을 놓는 것과 같은 등이 다 이 불사인 까닭이라고 『잡화기』는 말한다.

어려운 것이다.

鈔

又隨宜說法者는 上指品末은 廣故難思요 今明意趣는 深故難思라 亦如法華方便品說하니 謂稱體大用이 或隨自意하며 或隨他意하며 或隨自他意故라하니라 又等法界下는 多門難思니라

또 마땅함을 따라 법을 설한다고 한 것은 위에서 여래명호품의 말末을 가리킨 것은 넓은 까닭으로 사의하기 어려운 것이요 지금에 뜻을 밝힌 것은 깊은 까닭으로 사의하기 어려운 것이다.
또한『법화경』의 방편품에 설한 것과 같나니,
말하자면 자체에 칭합한 큰 작용이 혹은 자기의 뜻을 따르며
혹은 다른 사람의 뜻을 따르며
혹은 자기와 다른 사람의 뜻을 따르는 까닭이다 하였다.
또 법계와 같다고 한 아래는 많은 법문을 사의하기 어렵다는 것이다.

經

諸佛子야 如來於此娑婆世界의 諸四天下에 種種身과 種種名과 種種色相과 種種修短과 種種壽量과 種種處所와 種種諸根과 種種生處와 種種語業과 種種觀察로 令諸衆生으로 各別知見케 하니라

모든 불자여, 여래가 이 사바세계 모든 사천하에 가지가지 몸과[306]
가지가지 이름과
가지가지 색상과
가지가지 길고 짧은 것과
가지가지 수명의 양과
가지가지 처소와
가지가지 육근(諸根)과
가지가지 태어나는 곳과
가지가지 어업語業과[307]
가지가지 관찰로써[308] 모든 중생으로 하여금 각각 다르게 알아보게 하십니다.

---

306 가지가지 몸이라고 한 아래 여덟 구절은 신업身業이다.

307 가지가지 어업語業이라고 한 것은 어업語業(口業)이다.

308 가지가지 관찰이라고 한 것은 의업意業이다.

疏

第四는 廣顯難思라 文二니 先은 總顯多端이요 二는 隨門別顯이라 今初也니 擧娑婆爲首하야 略顯十種의 差別多端거니와 準下結通인댄 實通法界라 十句가 不出三業하니 一은 身爲總相이니 現十法界가 不同일새 故云種種이라 二는 名以召實이니 次下廣辨하리라 三은 金銀等色이 不同하고 三十二相等異니라

제 네 번째는 넓어서 사의하기 어려운 것이다.
경문을 두 가지로 분류하리니
먼저는 수많은 단서를 한꺼번에 나타낸 것이요
두 번째는[309] 법문을 따라 다름을 나타낸 것이다.
지금은 처음으로 사바세계를 들어 으뜸을 삼아 열가가 차별한 수많은 단서를 간략하게 나타내었거니와, 아래에 결통문結通文을[310] 기준한다면 실로 법계에 통하는 것이다.

열 구절이 삼업을 벗어나지 아니하나니
첫 번째는 몸이 총상이 되는 것이니
십법계에 나타내는 것이 같지 않기에 그런 까닭으로 말하기를 몸이 가지가지다 하였다.

309 두 번째 운운은 영인본 화엄 4책, p.406에 있다.

310 아래에 결통문結通文이라고 한 것은 영인본 화엄 4책, p.428, 4행 소문에는 유통일체類通一切라 하였다.

두 번째는 이름으로써 진실을 부르는 것이니 이 아래에 폭넓게 분별하겠다.
세 번째는 금·은 등의 색상이 같지 않고 삼십이상 등이 다른 것이다.

鈔

三에 金銀等色者는 如觀佛三昧海經第三의 廣說하니 今當義引하리라 佛爲父王하야 說觀諸相竟에 佛白父王하시고 乃勅阿難호대 吾今爲汝하야 悉現具足微妙身相하리라 說是語已하시고 佛從坐起하시며 令衆俱起케하시고 令觀如來케하사대 從頂順觀하야 至足輪相케하시며 復從足相으로 逆觀至頂케하시니 一一身分을 分明了了호미 如人執鏡하야 自見面像하니라 若生垢惡不善心者와 若有曾毁佛禁戒者는 見像純黑이 猶如炭人하나니 五百釋子는 但見炭人하고 有千比丘는 見赤土色하고 優婆塞十六人은 見黑象脚色하고 優婆夷二十四人은 見如聚墨하고 比丘尼는 見如白銀하고 優婆塞優婆夷는 有見如藍染靑色이라 四衆悲淚하며 釋子拔髮하고 碎身自述所見거늘 父王安慰竟에 釋子卽起하야 白阿難言호대 我宿罪故로 不見佛身이라하니 佛爲說因호대 過去毘婆尸佛時에 有一長者하니 名曰日月德이요 有五百子하니 聰慧無雙이나 不信佛之正法이러니 子臨終時하야 父云호대 汝等邪見으로 不信正法하야 今無常刀가 割汝身心이라 爲何所怙리요하고 令稱毘婆尸佛名하니 未及法僧이나 而終生四王天이라 後邪見因故로 墮地獄에 鐵叉刺眼거늘 憶父所敎하야 得生人中한대 六佛出現거늘 聞名而不得見이러니 以得聞六佛名故로 與我同生이

라하고 如來가 令稱佛名號하야 禮拜懺悔케하시니 還見相好하고 卽得初果하야 求佛出家하고 得阿羅漢果라하니라

세 번째 금·은 등의 색상이라고 한 것은『관불삼매해경』제삼권에 널리 설한 것과 같나니
지금에는 마땅히 뜻으로 인용하겠다.
부처님이 부왕父王을 위하여 모든 모습을 관찰함을 설하여 마치심에 부처님이 부왕에게 여쭈시고[311] 이에 아란에게 칙령하시기를 내가 지금 그대를 위하여 미묘한 신상 구족한 것을 다 나타내겠다.
이 말을 설하여 마치시고 부처님이 자리를 좇아 일어나시며, 대중으로 하여금 함께 일어나게 하시고 하여금 여래를 보게 하시되 정상육계상으로 좇아 순서대로 보아 족륜상에 이르게 하시며,
다시 족륜상으로 좇아 역으로 보아 정상육계상에 이르게 하시니,
낱낱 신분을 분명하게 아는 것이 마치 사람이 거울을 잡아서 스스로 면상을 보는 것과 같았다.
혹 더럽고 악하여 불선한 마음을 낸 사람 혹 일찍이 부처님의 금계禁戒를 무너뜨린 적이 있는 사람은 면상을 봄에 순전히 검은 것이 비유하자면 흑색 사람(炭人)과 같나니
오백 명의 석씨 자손들은[312] 다만 흑색 사람같이 보고,

---

311 부처님이 부왕에게 여쭈었다고 한 등은,『잡화기』에 이 위에는 다만 부처님을 관찰하는 것이 각각 다르다는 뜻을 설하였고, 여기는 그 사실을 바로 설한 것이다 하였다. 부왕은 정반왕이다.

312 원문에 오백석자五百釋子 운운은 이 가운데 炭人을 보고 黑象을 보고 聚象을

또한 일천 비구는 적토색같이 보고,
우바새 열여섯 사람은 검은 코끼리의 다리 색같이 보고,
우바이 스물 네 사람은 먹덩이 색같이 보고,
비구니는 백은 색같이 보고,
우바새와 우바이는 또한 쪽으로 물들인 청색같이 보았다.
사부대중이 슬피 울며 석씨 자손들이 머리를 뽑고 몸을 부수듯[313] 하여 스스로 본 바를 진술하거늘, 부왕이 편안하게 위로[314]하여 마침에 석씨 자손들이 곧 일어나 아란에게 여쭈어 말하기를 저희들이 숙세에 죄업이 많은 까닭으로 부처님의 몸을 보지 못합니다 하니, 부처님이 그 원인을 설하시기를 과거 비바시불 당시에 한 장자가 있었나니 이름이 일월덕이요,
그에게 오백 명의 아들이 있었나니 총명하고 지혜로움이 둘도 없었지만 부처님[315]의 정법을 믿지 않더니, 아들이 목숨이 마치려 할 때에 임박하여 아버지가 말하기를 그대들은 사견邪見으로 정법을 믿지 아니하여 지금에 무상의 칼날이 그대들의 몸과 마음을 베어가려 한다. 이때 무엇을 믿을 바 이겠는가 하고, 하여금 비바시불의

본다고 한 것은 지옥에 떨어짐을 인유한 것이니, 지옥은 흑색인 까닭이다. 따라서 因果는 호말만치도 감소하지 않음을 진실로 믿고 알아야 한다. 이상은 다 『잡화기』의 말이다.

313 원문에 쇄신碎身은 분골쇄신粉骨碎身의 준말이다.

314 원문에 안위安慰는, 안安은 몸을 편안하게 하는 것이고, 위慰는 마음을 위로하는 것이다.

315 부父는 불佛 자의 잘못이다.

이름을 부르게 하니 법과 승(法·僧)에는 미치지 못하였지만 죽어서 사천왕천에[316] 태어나게 되었다.

그 뒤에 사견을 인한 까닭으로 지옥에 떨어짐에 쇠 비녀로 눈을 찌르거늘 아버지가 가르쳐 준 바[317]를 기억하여 사람 가운데 태어남을 얻었는데, 여섯 부처님이 출현하시거늘 이름만 듣고 봄을 얻지는 못하더니 여섯 부처님의 이름을 들은 까닭으로 나로 더불어 함께 태어났다 하고, 여래가 하여금 부처님의 이름을 불러 예배하고 참회케 하시니 도리어 상호를 보고 곧 초과初果를 얻어 부처님께 출가를 구하고 아라한과를 얻었다 하였다.

千比丘는 見赤土色者는 過去然燈佛時에 像法之中에 有千弟子하야 疑師러니 師見其臨終하고 令稱念然燈佛名하니 生忉利天이라가 以疑師罪로 墮餓鬼中하야 洋銅灌咽하도니 以稱佛名하야 今得值佛이라하시고 佛示胸前萬字하사 令讀케하시며 於此字中에 說八萬四千功德行하신대 卽便懺悔하야 罪障消滅하고 得記作佛이라하니라 比丘尼는 見如白銀者는 過去釋迦佛時에 五百童女가 在山澤中이라가 忽遇比丘하야 皆脫銀環하야 散上發願호대 願此比丘가 成佛之時에 願我

316 원문에 천사왕천天四王天이라고 한 것은, 『잡화기』에 천지사왕천天之四王天이라 하여 하늘의 사왕천이라 하였다. 그리고 천사天四라 한 천天 자는 사왕천을 모두 가리는 말이라 하였다. 그러나 『유망기』는 천사天四는 사천四天이라 하여 사천왕천四天王天이라 하였다. 우납은 『유망기』의 말을 따라 번역하였다.

317 원문에 부소교父所教는 염불念佛을 말한다.

見之호대 如所散銀環이라하야 此後生生에 作銀山神이라가 今見銀色하나니 從是已來로 恒値諸佛이라하니라

일천 비구는 적토색같이 본다고 한 것은 과거 연등불 당시 상법 가운데 일천 제자가 있어 스승을 의심하더니, 스승이 그들의 임종을 보고 하여금 연등 부처님의 이름을 부르게 하니 도리천에 태어났다가 스승을 의심한 죄로 아귀 가운데 떨어져 양동으로 목구멍에 물을 부음을 당하더니 부처님의 이름을 불러 지금에 부처님을 만남을 얻었다 하시고, 부처님이 가슴 앞에 만자卍字를 시현하여 하여금 읽게 하시며 이 글자 가운데 팔만사천 공덕행을 설하신데, 곧 참회하여 죄장을 소멸하고 부처가 될 것이라 수기함을 얻었다 하였다.

비구니는 백은 색같이 본다고 한 것은 과거 석가모니 부처님 당시에 오백 명의 동녀가 산 못 가운데서 나왔다가 홀연히 비구를 만나 모두 다 은반지를 풀어 올려놓고 발원하기를, 원컨대 이 비구가 성불할 때에 내가 그분을 보되 마치 올려놓은 바 은반지와 같기를 서원한다 하여 이 이후 세세생생에 은산의 신이 되었다가 지금에사 은색을 보나니,
이로 좇아옴으로 항상 모든 부처님을 만났다 하였다.

優婆塞十六人은 見黑象脚者는 此等昔時에 皆作國王하야 受邪沙門의 說於邪法이러니 其說法人은 墮阿鼻獄하고 汝等은 隨順惡友教故로 墮黑暗地獄이라가 由前聞法하고 善心力故로 今得遇我하야 得

受五戒라하야 令其懺悔케하시고 佛放眉間에 白毫光照하시니 便得初果하야 求佛出家하고 成阿羅漢果라하니라

우바새 열여섯 사람은 검은 코끼리의 다리 색같이 본다고 한 것은 이 열여섯 사람들이 옛날에 다 국왕이 되어 삿된 사문의 사법 설함을 수학하더니 그 설법하는 사람은 아비지옥에 떨어지고, 그대 등은 악한 사람의 가르침을 따른 까닭으로 흑암지옥에 떨어졌다가 앞에 법을 듣고 마음이 선하여진 힘을 인유한 까닭으로 지금에 나를 만남을 얻어 오계를 받는 것이다 하여, 그들로 하여금 참회케 하시고 부처님이 미간에 백호광명을 놓아 비추시니 문득 초과를 얻어 부처님께 출가를 구하고 아라한과를 이루었다 하였다.

優婆夷二十四人은 見聚墨色者는 佛說호대 昔時에 寶蓋燈王佛이 像法之中에 有一比丘하야 巡行乞食이라가 至婬女家하니 其女見之하고 盛滿鉢飯하며 戲弄比丘言호대 汝顏色可惡가 猶如聚墨하고 身所著衣가 狀如乞人이라한대 比丘擲鉢하고 騰空飛去어늘 諸女慚愧하야 懺悔發願호대 願此施食하야 所有功德으로 未來에 得如比丘自在하소서러니 以施食故로 千二百劫을 常不饑渴하며 惡罵因故로 六十小劫을 墮黑暗地獄이라가 由發善心하야 今得値我하야 受其五戒하며 乃是供養阿羅漢故로 見舍利弗하고 不見我身이라하야 佛爲臍中에 出大蓮華하사 化成光臺하시니 有百千聲聞과 身子目連하야 作十八變한대 諸女가 消二十億劫煩惱之結하야 得須陀洹果하고 後見佛身의 相好端嚴이나 而猶不見白毫相하니라 佛告大王하사대 戲弄

惡口로 乃至得道나 見佛不明이라하니라 餘廣如經하니 更不會說하리라 如藍之緣은 準例可知니라 下十定品에 見色多種이라

우바이 스물 네 사람은 먹덩이 색같이 본다고 한 것은 부처님이 말씀하시기를 옛날에 보개등왕불이 상법 가운데 한 비구가 있어 순행하며 걸식하다가 음녀의 집에 이르니,
그 음녀가 보고 발우에 밥을 가득 담아 주며 비구에게 희롱하여 말하기를 그대의 안색이 가히 미운 것이 비유하자면 먹덩이 같고 몸에 입은 바 옷이 마치 걸인의 형상과 같다 한데, 비구가 발우를 던지고 허공으로 올라 날아가거늘 모든 음녀가 부끄러워하여 참회하고 발원하기를 원컨대 이 음식을 보시하여 소유한 공덕으로 미래에 저 비구와 같이 자재함을 얻게 하소서 하더니, 음식을 보시한 까닭으로 일천이백 세월을 항상 굶주리거나 목말라 하지 아니하였으며,
그러나 싫어하고 욕한 인연 때문에 육십 겁 작은 세월(六十小劫)을 흑암지옥에 떨어졌다가 선한 마음을 일으킴으로 인유하여 지금에 나를 만남을 얻어 오계를 받았으며,
이에 아라한에게 공양한 까닭으로 사리불만 보고 나의 몸은 보지 못한다 하여 부처님이 배꼽 가운데 큰 연꽃을 출생하여 광명의 집을 변화하여 만드시니 백천 성문과 사리불과 목련이 있어 십팔 신변을 지었는데, 모든 음녀가 이십억 세월에 번뇌의 결박을 소멸하여 수다원과를 얻고 그 뒤에 불신의 상호가 단엄함을 보았으나 그러나 오히려 백호상 봄을 얻지는 못하였다.
부처님이 대왕에게 이르시기를 희롱한 악구惡口의 인연으로 내지

도를 얻을 수는 있으나 부처님을 보는 것은 불분명하다 하였다. 나머지는 널리 경에 설한 것과 같나니[318] 다시 회설하지 않겠다. 쪽빛과 같다는 기연은 여기에 예를 기준한다면 가히 알 수가 있을 것이다.

아래 십정품에 색상을 보는 것에 여러 종류가 있다.

疏

四는 形有長短이니 三尺丈六으로 乃至無邊이라

네 번째 형상이 길고 짧은 것이 있나니
삼척의 단신과 장육의 장신으로 내지 무변신이 있다.

鈔

三尺等者는 三尺之身은 卽瞿師羅長者所見이요 丈六無邊은 卽無邊身菩薩이 窮上界而有餘니라 準十定品인댄 或見如來가 一由旬量과 百千由旬과 乃至不可說不可說佛刹微塵數世界量等이라 略去中間일새 故云乃至無邊이라하니라

삼척이라고 한 등은 삼척의 단신은 곧 구사라 장자가[319] 보는 바요

---

318 원문에 여광여설餘廣如說이라고 한 것은 우바새·우바이가 쪽빛같이 본다고 한 등은 『관불삼매경觀佛三昧經』에 말한 것과 같다는 것이다.

319 삼척의 단신은 곧 구사라 운운은 영인본 화엄 16책, p.402 주석을 볼 것이다.

장육신과 무변신은 곧 무변신 보살이 상계上界를 다하고도 남음이 있다는 것이다.
십정품을 기준한다면 혹 여래가 일 유순의 양과 백천 유순의 양과 내지 불가설 불가설 불찰미진수 세계의 양을 본다고 한 등이다.
중간을 생략하고 지나갔기에[320] 그런 까닭으로 말하기를 내지 무변신이라 한 것이다.

疏

五는 壽命限量이니 或無量劫이며 或不滿百年이며 下至朝現暮寂이라

다섯 번째는 수명의 분량이니,
혹은 무량한 세월이며 혹은 백년도 채우지 못하며 아래로 아침에 출현하였다가 저녁에 적멸에 들어감에 이르는 것이다.

鈔

五에 壽命者에 或無量劫은 如阿彌陀佛이요 或不滿百年은 如今世尊이라 故涅槃云호대 我聞호니 諸天壽命極長거늘 云何如來는 是天中天이로대 壽命短促하야 不滿百年이닛고하니라 下至朝現暮寂者는 如月面佛은 壽一日夜라 故로 佛名經第六云호대 妙聲佛은 壽六十百千

320 중간을 생략하고 지나갔다고 한 것은 소문을 해석한 것이다.

歲요 智自在佛은 壽十二千歲요 威德自在佛은 壽七十六千歲요 摩醯首羅佛은 壽一億歲요 梵聲佛은 壽十億歲요 大衆自在佛은 壽六十千歲요 勝聲佛은 壽百億歲요 月面佛은 壽一日夜요 日面佛은 壽一千八百歲요 梵面佛은 壽二十三千歲라하며 又第二云호대 諸佛壽命의 長短差別이 有十阿僧祇百千萬億이라하며 毘盧遮那品云호대 一切功德須彌勝雲佛을 壽五十億歲라하며 下經之中에 說諸佛壽이 長短多門이라하니라

다섯 번째 수명이라고 한 것에 혹은 무량한 세월이라고 한 것은 아미타불과 같은 것이요
혹은 백년도 채우지 못한다고 한 것은 지금에 세존과 같은 것이다.
그런 까닭으로 『열반경』에 말하기를 저가 들으니 모든 하늘이 수명이 지극히 길다 하였거늘, 어떻게 여래는 하늘 가운데 하늘이로되 수명이 짧아 백년도 채우지 못합니까 하였다.

아래로 아침에 출현하였다가 저녁에 적멸에 들어감에 이른다고 한 것은 월면불과 같은 것은 수명이 하루 낮과 하루 밤이다.
그런 까닭으로 『불명경』 제육권에 말하기를
묘성불은 수명이 육십백천 세요
지자재불은 수명이 십이천 세요
위덕자재불은 수명이 칠십육천 세요
마예수라불은 수명이 일억 세요
범성불은 수명이 십억 세요

대중자재불은 수명이 육십일천 세요
승성불은 수명이 백억 세요
월면불은 수명이 하루 낮과 하루 밤이요
일면불은 수명이 일천팔백 세요
범면불은 수명이 이십삼천 세라 하였으며
또 『불명경』 제이권에 말하기를 모든 부처님의 수명이 길고 짧은 차별이 십아승지 백천만억이 있다 하였으며
비로나자품에 말하기를 일체 공덕 수미승운불은 수명이 오십억 세라 하였으며
하경[321] 가운데 말하기를 모든 부처님의 수명이 길고 짧은 것이 다문이 있다 하였다.

疏

六은 處니 謂化處의 染淨等殊요 七은 根이니 謂眼等이 隨感現異라

여섯 번째는 처소이니 말하자면 화현한 곳의 염처染處와 정처淨處 등이 다른 것이요
일곱 번째는 육근이니 말하자면 눈 등이 감동함을 따라 다름을 나타내는 것이다.

321 하경下經이란, 여래수량품如來壽量品이다.

鈔

七根이니 謂眼等者는 佛眼等六根이라 通相而言인댄 三十二相과 廣長舌等이 旣有八萬四千等異일새 則六根之相도 隨宜亦殊니 故로 高幢普照主山神은 得觀察一切衆生心所樂하야 嚴淨諸根解脫門하며 雨華妙眼道場神은 得能雨一切難捨의 衆寶莊嚴具하는 解脫門이라하고 偈云호대 昔行施行無量劫호대 能捨難捨眼如海하니 如是捨行爲衆生이라 此妙眼神能悟悅이라하니 謂於一眼에 有無量行일새 故所得眼이 無量差別이라 復有諸根美妙執金剛神하며 又上經云호대 佛眼云何無有量等이라하니라

일곱 번째는 육근이니, 말하자면 눈 등이라고 한 것은 불안 등 육근이다.
통상으로 말한다면 삼십이상과 광장설 등이 이미 팔만사천 등 다름이 있기에 곧 육근의 모습도 마땅함을 따라 또한 다르나니,
그런 까닭으로 고당보조 주산신은 일체중생이 마음에 좋아하는 바를 관찰하여 육근을 장엄하여 청정히 하는 해탈문을 얻었으며,
우화묘안 도량신은 일체 버리기 어려운 수많은 보배 장엄구를 비내리는 해탈문을 얻었다 하고
게송에 말하기를 옛날에 보시 행하기를 무량세월토록 행하되
능히 버리기 어려운 눈을 버리기를 바다와 같이 하였으니,
이와 같이 버리는 행은 중생을 위한 것이다.
이것은 묘안신이 능히 깨달아 기뻐한 것이다 하였으니,

말하자면 한 눈에 한량없는 행이 있기에 그런 까닭으로 얻은 바 눈이 한량없이 차별한 것이다.
다시 제근[322] 미묘 집금강신이 있으며
또 상경上經[323]에 말하기를 불안佛眼이 어떻게 한량이 없는가 한 등이다 하였다.

疏

八은 生處니 有刹利等別이요 九는 依語之用이니 隨方言音의 施設非一故라 十에 觀察者는 周旋顧眄하야 以應群機하며 又觀存亡과 安危可不하며 智照諸境하야 示有多端이라 下結意云호대 令諸衆生으로 各稱己分하야 而自知見하고 得調伏耳라하니라

여덟 번째는 태어나는 곳이니 찰제리로 태어나는 등이 다름이 있는 것[324]이요
아홉 번째는 의지하는 말의 작용이니 방소를 따라 말소리를 시설[325]하는 것이 하나가 아닌 까닭이다.
열 번째 관찰은 두루 돌아보아 중생의 근기에 응하며,

---

322 원문에 부유제근復有諸根 운운은 제근諸根이 무량하다는 뜻이 제근미묘집금강신諸根微妙執金剛神에도 있다는 것이다.

323 상경上經이란, 세주묘엄품이다.

324 원문에 유찰이등별有刹利等別이란, 때로는 왕족으로 태어나기도 하고, 때로는 바라문, 바이샤, 수드라로 태어나기도 한다는 것이다.

325 시설施設이란, 본래의 뜻은 베풀어 차린다는 뜻이다.

또 있고 없는 것과[326] 편안하고 위태로운 것과 옳고 옳지 못한 것을 관찰하며,

지혜로 모든 경계를 비추어 많은 단서가 있는 것을 시현하는 것이다.

아래 총결하는 뜻[327]에 말하기를 모든 중생으로 하여금 각각 자기 분수에 칭합하여 스스로 알아보고 조복함을 얻게 한다 하였다.

---

326 또 있고 없는 것이라고 한 등은, 이 위에는 身輪을 잡아 말하였고, 지금에는 意輪을 잡아 말한 것이라고 『잡화기』는 말하고 있다.

327 원문에 하결의下結意란, 영인본 화엄 4책, p.421, 7행에 영제중생각별지견令諸衆生各別知見이라 한 것이다. 그 소疏에는 총결사바總結娑婆라 하였다.

經

諸佛子야 如來가 於此四天下中에 或名一切義成이며 或名圓滿月이며 或名師子吼며 或名釋迦牟尼며 或名第七仙이며 或名毘盧遮那며 或名瞿曇氏며 或名大沙門이며 或名最勝이며 或名導師니라 如是等其數十千으로 令諸衆生으로 各別知見케하시니라

모든 불자여, 여래가 이 사천하 가운데 혹은 이름이 일체의 뜻을 성취한 사람이며
혹은 이름이 원만한 달이며
혹은 이름이 사자후며
혹은 이름이 석가모니이며
혹은 이름이 제칠선이며
혹은 이름이 비로자나이며
혹은 이름이 구담씨이며
혹은 이름이 대사문이며
혹은 이름이 가장 수승한 사람이며
혹은 이름이 도사입니다.
이와 같은 등 그 명호 수數 십천으로써 모든 중생으로 하여금 각각 다르게 알아보게 하십니다.

疏

第二에 諸佛子下는 隨門別顯이니 文分爲三하리라 初終此品히 辨

身名差別하야 答上佛住之問하고 近廣種種身等八句니 以色相等이 皆屬身故라 二에 四諦品은 辨言敎遍周하야 答佛所說法問하고 近廣種種語業이라 三에 光明覺品은 明光輪窮照하야 答上威德과 法性과 菩提의 三問하고 近廣種種觀察이라 其五句依報는 但有現相答하니 廣在前會故니라

제 두 번째 모든 불자라고 한 아래는 법문을 따라 다르게 나타내는 것이니
경문을 나누어 세 가지로 하겠다.
처음에는 이 품이 마칠 때까지 신명身名의 차별을 분별하여 위에[328] 부처님이 머무심에 대한 질문을 답하고 가까이[329]로는 가지가지 몸 등 여덟 구절을 널리 나타낸 것이니,
가지가지 색상 등이 다 몸에 속하는 까닭이다.
두 번째 사제품은 언교가 두루함을 분별하여 부처님이 설한 바 법문에[330] 대한 질문을 답하고 가까이[331]로는 가지가지 어업을 널리 나타낸 것이다.
세 번째 광명각품은 광명의 바퀴가 다 비춤을 밝혀 위에[332] 부처님의 위덕과 부처님의 법성과 부처님의 대보리에 대한 세 가지 질문을

328 위에라고 한 것은 영인본 화엄 4책, p.345, 5행이다.
329 가까이라고 한 것은 영인본 화엄 4책, p.397이다.
330 부처님이 설한 바 법문은 위의 책, p.345이다.
331 가까이 운운은 위의 책, p.397이다.
332 위에 운운은 위의 책, p.345이다.

답하고 가까이[333]로는 가지가지 관찰을 널리 나타낸 것이다.
그 다섯 구절[334]의 의보는 다만 현상답[335]에 있나니
널리 나타낸 것은 앞 회에 있는 까닭이다.

疏

今初에 廣上名者는 然聖人無名이나 爲物立稱이니 若就德以立인댄 德無邊涯요 若隨機立名인댄 等衆生界니라 雖復多種이나 皆爲隨宜生善하며 滅惡見理而立으로 海印頓現이니 不應生著也니라

지금은 처음으로 위에 이름을 널리 나타낸 것은 그러나 성인은 이름이 없지만 중생을 위하여 이름을 세운 것이니,
만약 공덕에 나아가 이름을 세운다면 공덕이 끝이 없다 할 것이고
만약 근기를 따라 이름을 세운다면 중생의 세계와 같다 할 것이다.
비록 다시 여러 종류가 있지만 다 마땅함을 따르고[336] 선을 생기하며,
악을 소멸하고 이치를 보게 하기 위하여 이름을 세운 것으로써

---

333 가까이 운운은 위의 책, p.397이다.

334 다섯 구절(五句)이란, 위의 책, p.345에 나머지 다섯 구절이니 불찰장엄佛刹莊嚴, 불찰佛刹, 불찰청정佛刹淸淨, 불찰체성佛刹體性, 불찰성취佛刹成就이다.

335 현상답現相答이란, 언설답言說答과 현상답現相答 가운데 현상답이다.

336 마땅함을 따른다고 한 등은, 『잡화기』에 마땅함을 따른다는 글자가 이미 아래 세 가지 뜻에 통한다고 한다면 곧 수의隨宜라는 말 아래에 부득이 토를 달아 하여금 별구別句를 이루게 할 것이다 하였다. 아래 세 가지 뜻이란 선을 생기하고 악을 소멸하고 이치를 보게 하는 것이라 하겠다.

본사本師가 해인에서 문득 나타낸 것이니
응당 집착을 내지 말 것이다.

鈔

然聖人無名下는 欲顯多名하야 先且立理니 於中有二이라 先은 雙標니 謂本無言相이라 故下經云호대 已出世間言語道일새 其性非有非無故라하니 凡有言象은 皆是隨俗하야 利衆生耳니라 若就德下는 二에 辨名이라 就無名立名이 不出此二하니 就德은 通於眞應이요 隨機는 唯約利他라 雖復多種下는 二에 以義統收인댄 不出四悉檀義이라 一에 世界悉檀은 但令歡喜니 如來立名은 少從於此요 多約後三이라 今言隨宜는 此爲總句니 四悉檀이 皆是隨物宜故라 此句는 亦攝世界悉檀이라 二에 生善者는 卽是爲人이요 三에 滅惡者는 卽是對治요 四에 見理者는 卽第一義라 四悉은 亦名四隨니 問明品中에 更當廣說하리라 言海印頓現者는 無盡之名이 皆我本師가 海印頓現이니 卽攝十方의 三世佛號하야 皆屬一佛의 隨宜之號언정 非約多佛이라

그러나 성인은 이름이 없다고 한 아래는 수많은 이름을 나타내고자
우선 이치를 세운 것이니
그 가운데 두 가지가 있다.
먼저는 둘을 함께 표한[337] 것이니,
말하자면 본래 말과 모습이 없다[338]는 것이다.

---

337 원문에 쌍표雙標란, 언어言語와 형상形相이다.

그런 까닭으로 하경下經[339]에 말하기를
이미 세간에 언어의 길을 벗어났기에
그 성품은 있지도 않고 없지도 않는[340] 까닭이다 하였으니,
무릇 언어와 형상[341]은 다 세속을 따라 중생을 이익케 하기 위하여 있을 뿐이다.

만약 공덕에 나아간다면이라고 한 아래는 두 번째 이름을 분별한 것이다.
이름이 없는 곳에 나아가 이름을 세우는 것이 이 두 가지를 벗어나지 않나니,
공덕에 나아간다고 한 것은 진신과 응신에 통하고 근기를 따른다고 한 것은 오직 이타만을 잡은 것이다.

비록 다시 여러 종류가 있지만이라고 한 아래는 두 번째 뜻으로써 모두 거둔다면 사실단의 뜻을 벗어나지 않는다.
첫 번째 세계실단은 다만 하여금 환희케 하는 것이니

---

338 원문에 위본무謂本無라고 한 아래는 무명無名이다.

339 하경下經이란, 입법계품 39의 33에 보현보살의 게송이니 입법계품 마지막 게송 95게송 가운데 89번째 게송으로 이 앞에 두 구절이 더 있다. 즉 여래의 청정한 묘법신(如來清淨妙法身)이 일체 삼계에 짝할 이가 없다(一切三界無倫匹) 한 것이다.

340 원문에 기성비유비무其性非有非無라고 한 것은 上에 無名과 下에 有名의 두 가지 뜻을 通證한 것이다. 『잡화기』의 뜻도 이와 같다.

341 원문에 범유언상凡有言象이라고 한 아래는 有名이다.

여래가 이름을 세운 것은 조금은 이[342] 세계실단의 뜻을 따른 것이요, 많이는 뒤에 삼실단의 뜻을 잡은 것이다.

지금에 말하기를 마땅함을 따른다고 한 것은 이것은 총구總句가[343] 되나니
사실단이 다 이 중생의 마땅함을 따르는 까닭이다.
이 구절은 또한[344] 세계실단을 섭수하고 있다.
두 번째 선을 생기한다고 한 것은 곧 이것은 사람을 위하는 것이요
세 번째 악을 소멸한다고 한 것은 곧 이것은 상대하여 다스리는 것이요
네 번째 이치를 본다고 한 것은 곧 이것은 제일의제이다.
사실四悉은 또한 이름이 사수四隨이니
보살문명품[345] 가운데 마땅히 폭넓게 설하겠다.

본사가 해인에서 문득 나타낸 것이라고 한 것은 끝없는 이름이 다 우리 본사가 해인삼매에서 문득 나타낸 것이니,
곧 시방 삼세에 부처님의 이름을 섭수하여 다 한 부처님의 마땅함

342 원문에 어차於此란, 세계실단世界悉檀이다.

343 총구라고 한 등은, 『잡화기』에 이것은 곧 다만 이 삼실단의 총일 뿐이고 세계실단을 섭수하는 것은 아니다 하였다.

344 이 구절은 또한이라 한 등은, 이 구절은 곧 비록 삼실단의 총이 되지만 그러나 또한 세계실단을 섭수하는 것이다고 『잡화기』는 말한다.

345 문명품이라고 한 것은 수자권收字卷 37장에 있다.

을 따르는 이름에 섭속하였을지언정 수많은 부처님을 잡은 것은 아니다.

疏

文中分四리니 一은 娑婆之內에 自有百億이요 二는 娑婆隣近이니 卽百億之外요 三은 類通一切니 謂盡十方이요 四는 釋差別所由니 由隨物故라 初中分三하리니 初는 此四洲요 二는 四洲之隣十界요 三은 總結娑婆라 今初亦三이니 初는 標處요 次는 列名이요 後는 結數니 他皆倣此니라 擧四洲者는 昔云호대 意取閻浮니 言總意別이니 餘三天下는 佛不出故라하니라 然雖不出이나 除北俱盧하고 餘容有往이니 下並準之니라

경문 가운데 네 가지로 분류하리니
첫 번째는 사바세계 안에 스스로 백억이 있는 것이요
두 번째는 사바세계 인근 시방이니 곧 백억 밖이요
세 번째는 사바세계를 비류하여 일체 세계를 통석한 것이니 말하자면 모든 시방이요
네 번째는 차별한 이유를 해석한 것이니 중생을 따름을 인유한 까닭이다.
처음 가운데 세 가지로 분류하리니
처음에는 이 사바세계에 사천하(四洲)요
두 번째는 사천하(四洲) 인근에 열 세계요

세 번째는 사바세계를 모두 맺는 것이다.

지금은 처음으로 또한 세 가지가 있나니
처음에는 처소를 표한 것이요
다음에는 이름을 열거한 것이요
뒤에는 그 이름의 수를 맺는 것이니 다른 곳도 다 이곳을 본받을 것이다.
사천하를 거론한 것은 옛날 사람이 말하기를 그 뜻이 염부제를 취한 것이니,
말은 한꺼번에 하였지만 뜻은 다르나니 나머지 삼천하三天下는 부처님이 출현하지 아니한 까닭이다 하였다.
그러나 비록 부처님이 출현하지는 않았지만 북구로주를 제외하고[346] 나머지[347]는 부처님이 가신 적이 있음을 용납하나니,
아래는 아울러 이것을 기준할 것이다.

疏

一切義成은 卽悉達也니 無事不成就故니라

일체의 뜻을 성취한 사람이라고 한 것은 곧 실달다悉達多이니

---

346 북구로주를 제외한다고 한 등은, 비록 동·서의 이주二州를 섭수하지만 이미 북구로주를 제외하였다면 곧 또한 말은 총이지만 뜻은 다른 것이라고 『잡화기』는 말한다.

347 나머지란, 동과 서의 이주二州이다.

일마다 성취하지 아니함이 없는 까닭이다.

一切義成者는 梵名悉達多니 太子時號라 果收因名을 恐人不知일새 故將梵言하야 以釋唐語이라

일체의 뜻을 성취한 사람이라고 한 것은 범어의 이름에 실달다니, 태자 시절에 이름이다.
과위로 인위[348]를 거둔 이름을 사람들이 알지 못할까 염려하기에 그런 까닭으로 범어를 가져 당나라 말로 해석하였다.

疏

圓滿月者는 惑斷智圓하야 恩蔭清涼故니라

원만한 달이라고 한 것은 번뇌가 끊어짐에 지혜가 원만하여 은덕의 그늘이 청량한 까닭이다.

惑斷等者는 暗盡明圓하야 清涼益物이니 如三德也라

---

348 과위는 석가이고, 인위는 태자太子이다.

번뇌를 끊는다고 한 등은 어둠이 다함에 밝음이 원만하여 청량하게 중생을 이익케 하나니,
삼덕[349]과 같다.

疏

師子吼者는 名決定說이라 釋迦牟尼者는 釋迦云能이니 能仁種故요 牟尼云寂默이니 契寂理故라 第七仙者는 七佛之末故라 若取賢劫인댄 當第四라 仙卽喩也니 無欲染故라 毘盧遮那는 廣如前釋하니라 瞿曇氏者는 唯約姓也라 此云地主니 以從劫初로 代代相承하야 爲轉輪王故라 然上云釋迦는 乃是族望이요 此卽姓望이라 故로 智論第二云호대 釋迦牟尼姓은 瞿曇故며 佛名經도 亦然하니라

사자후라고 한 것은 이름이 결정한 말이다.
석가모니라고 한 것은 석가는 능인能仁이라 말하나니 능인의 종족인 까닭이요
모니는 적묵寂默이라 말하나니 적묵의 이치에 계합한 까닭이다.
제칠선이라고 한 것은 과거칠불의 끝인 까닭이다.
만약 현겁을 취한다면 제 네 번째 부처님에 해당하는 것이다.
선仙이라고 한 것은 비유이니 욕심과 염심이 없는 까닭이다.
비로자나라고 한 것은 널리 앞에서 해석한 것과 같다.

---

349 삼덕이란, 소문에 있는 단덕과 지덕과 은덕이다.

구담씨라고 한 것은 오직 성씨만을 잡은 것이다.
여기에서 말하면 지주地主이니
세월의 시초(劫初)로 좇아 대대로 서로 이어서 전륜왕이 된 까닭이다.
그러나 위에서 말하기를 석가라고 한 것은 이에 이 종족을 바라보고 말한 것이요
여기 구담씨라고 한 것은 곧 성을 바라보고 말한 것이다.
그런 까닭으로 『지도론』 제이권에 말하기를 석가모니의 성씨는 구담씨인 까닭이다 하였으며,
『불명경』에도 또한 그렇게 말하였다.

鈔

然上云者에 姓望은 如崔盧等이요 族望은 如博陵이니 以是能仁之瞿曇故라

그러나 위에서 말하기를이라고 한 것에 성을 바라보고 말한 것이라고 한 것은 최씨, 노씨 등과 같은 것이요
종족을 바라보고 말한 것이라고 한 것은 박릉(地名) 등과 같은 것이니
이런 까닭으로 능인[350]의 구담씨인 까닭이다 하였다.

---

350 능인은 지명地名이다.

疏

沙門은 此云息惡이니 無惡不息일새 故復稱大라 最勝者는 聖中極故며 德無加故라 導師者는 引導衆生하야 離險難故며 於生死海에 示衆寶故라 然이나 名含多義나 略釋此十하고 恐文繁博하야 餘但隨難解之하니라

사문이라고 한 것은 여기에서 말하면 악을 쉬는 것이니,
악마다 쉬지 아니함이 없기에 그런 까닭으로 다시 대大사문이라고 이름한 것이다.
최승이라고 한 것은 성인 가운데 최극의 성인인 까닭이며
공덕이 그보다 더할 수 없는 까닭이다.
도사라고 한 것은 중생을 인도하여 험난한 곳을 떠나게 하는 까닭이며
생사의 바다에서 수많은 보배를 시현하는 까닭이다.
그러나 이름이 수많은 뜻을 포함하였지만 간략하게 이 열 가지만 해석하고 문장이 번잡하고 넓음을 염려하여 나머지는 다만 비난함을 따라 해석만 하였다.[351]

351 원문에 여단수난해지餘但隨難解之라고 한 것은 미리 뒤에 소문疏文을 가리킨 것이다고 『잡화기』는 말한다.

經

諸佛子야 此四天下東에 次有世界하니 名爲善護라 如來於彼에 或名金剛이며 或名自在며 或名有智慧며 或名難勝이며 或名雲王이며 或名無諍이며 或名能爲主며 或名心歡喜며 或名無與等이며 或名斷言論이라 如是等其數十千으로 令諸衆生으로 各別知見케하시니라

모든 불자여, 이 사천하 동쪽에 다음으로 세계가 있나니 이름이 잘 보호하는 곳이라 합니다.
여래가 저곳에서 혹은 이름이 금강이며
혹은 이름이 자재이며
혹은 이름이 지혜 있는 사람이며
혹은 이름이 이기기 어려운 사람이며
혹은 이름이 구름 왕이며
혹은 이름이 다툼이 없는 사람이며
혹은 이름이 능히 주인이 되는 사람이며
혹은 이름이 마음이 환희로운 사람이며
혹은 이름이 더불어 같을 이가 없는 사람이며
혹은 이름이 언어와 논리를 끊는 사람입니다.
이와 같은 등 그 명호 수 십천으로 모든 중생으로 하여금 각각 다르게 알아보게 하십니다.

疏

二에 此四天下東下는 此洲之隣十界니 卽爲十段이라 其善護等은 皆四洲之通稱也라 今初東方에 斷言論者는 證離言故며 無能說過故니라

두 번째 이 사천하 동쪽이라고 한 아래는 이 사천하 인근에 열 세계이니
곧 십단이 되는 것이다.
그 선호라고 한 등[352]은 다 사천하의 통칭이다.
지금은 처음으로 동방에 언어와 논리를 끊은 사람이라고 한 것은 증득한 사람은 언어를 떠난 까닭이며
능히 허물을 설할 자가 없는 까닭이다.

鈔

無能說過者는 卽大薩遮尼乾子所說經第四卷에 有嚴熾王하야 請薩遮하야 入宮供養케하고 因問云호대 大師여 頗有人이 於衆生界中

352 선호 등善護等이라고 한 등等은 차하此下에 난인세계 등 구세계難忍世界等 九世界를 등취等取한 것이다. 그렇다면 사주四洲는 능요사주能繞四洲요, 소요사주所繞四洲가 아니다. 통칭通稱이란 말은 사주四洲에만 한하여 말한 것이니 잘 생각할 것이다. 『잡화기』에 말하기를 선호라고 한 것이 이 사주의 통칭이라고 한 것은 그러나 곧 이 사주의 통칭은 무엇인가 아직 설출한 바를 보지 못했다 하였다.

에 聰明大智하며 利根黠慧하대 有罪過不아 答言有니다하고 下有十重問答하니 大意皆同하니라 一은 問是誰닛가 一은 云能雨婆羅門은 聰明大智나 常多婬欲하야 喜侵他妻요 二는 頗羅墮婆羅門은 多睡요 三은 黑王子는 多嫉妬요 四는 勝仙王子는 多殺生이요 五는 無畏王子는 慈心太過요 六은 天力王子는 飮酒太過요 七은 婆藪天王子는 行事太過요 八은 大仙王子는 貪心太過요 九는 大天王子는 輕躁戲笑로 放逸太過요 十은 波斯匿王은 噉食太過니다 第十一은 問還更有不아 答云有니다 王亦有過하니 謂太暴惡急卒하니다 王聞大怒하야 令殺尼乾거늘 尼乾驚怖하고 乞容一言云호대 我亦有過하니 實語太過니다 大王이여 黠慧之人은 不應於一切時에 常行實語하고 觀其可不어늘 我於暴卒人前에 出其實語일새 故爲太過니다 王悟悔過하고 更問호대 頗有가 聰明大智利根호대 無有過不아 答言有니다 問誰是닛가 答云호대 沙門瞿曇이니 此一無過니다 我四圍陀經中說호대 釋種沙門은 無有過失이니 所謂生在大家나 不可譏嫌이니 何以故요 是轉輪王種故며 種姓豪貴나 不可譏嫌이니 以甘蔗種姓家生故며 福德莊嚴이나 不可譏嫌이니 三十二相과 八十種好로 莊嚴身故니라 下廣說如來가 具大慈悲와 無礙辯才와 十力無畏와 諸不共德하며 廣說三十二相과 八十種好와 一切功德云호대 唯此一人은 無有過失이라한대 王聞發心이라하니 則顯餘皆不免일새 故今疏云호대 無能說過라하니라

능히 허물을 설할 자가 없다[353]고 한 것은 곧 『대살차니건자소설경(大薩遮尼乾子의 所說經)』 제오권[354]에 엄치왕이 있어 살차니건자를

청하여 왕궁에 들어와 공양케 하고 그로 인하여 물어 말하기를 대사여, 자못 어떤 사람이 중생 세계 가운데 총명하고 지혜가 크며 근기가 영리하고 지혜가 민첩[355]하되 죄과罪過가 있는 사람이 있습니까.

답하여 말하기를 있습니다 하고, 이 아래에 십중으로 질문하고 답한 것[356]이 있나니 대의는 다 같다.

첫 번째는 묻기를 이 누구입니까.

첫 번째는 답하여 말하기를 능우바라문은 총명하고 지혜가 크지만 항상 음욕이 많아서 다른 사람의 아내를 침노하기를 좋아하고

두 번째는 파라티비라문은 짐이 많고

세 번째는 흑왕자는 질투가 많고

네 번째는 승선왕자는 살생이 많고

다섯 번째는 무외왕자는 자비심이 많아서 큰 죄과이고

여섯 번째는 천력왕자는 음주가 많아서 큰 죄과이고

일곱 번째는 바수천왕자는 행사가 많아서 큰 죄과이고

여덟 번째는 대선왕자는 탐심이 많아서 큰 죄과이고

---

353 능히 허물을 설할 자가 없다고 한 것은 『잡화기』에 그 허물을 설할 자가 없음을 말한 것이다 하였다.

354 第四卷은 第五卷이다.

355 黠은 약을 힐 자이니, 즉 민첩함을 말한다.

356 십중十重으로 질문하고 답한 것이라고 한 등은, 『잡화기』에 말하기를 만약 열한 번째와 열두 번째인즉 그 말이 처음에 열 가지로 더불어 다름이 있는 까닭으로 다만 십중이라고만 말하였을 뿐이니 대의는 다 같다 하였다.

아홉 번째는 대천왕자는 가벼운 행동과 급한 마음,[357] 희롱하는 웃음으로 방일하는 것이 큰 죄과이고

열 번째는 바사익왕은 식탐(噉食)[358]이 많아서 큰 죄과입니다.

제 열한 번째는 묻기를 도리어 다시 죄과가 있는 사람이 있습니까.

답하여 말하기를 있습니다.

왕도 또한 죄과가 있나니 말하자면 크게 폭악하고 급졸急卒합니다. 왕이 듣고 크게 진노하여 하여금 니건자를 죽이게 하거늘, 니건자가 놀라 두려워하고 용서를 빌며 한마디 말씀을 하여 이르기를 저도 또한 죄과가 있나니 진실한 말을 하는 것이 큰 죄과입니다. 대왕이여, 지혜가 민첩한 사람은 응당 일체시에 항상 진실한 말만을 하고 그 옳고 그름을 보지 않거늘 저가 폭악하고 급졸한 사람 앞에 그 진실한 말을 하였기에 그런 까닭으로 큰 죄과가 됩니다.

왕이 깨달아 허물을 뉘우치고 다시 묻기를 자못 어떤 사람이 총명하고 지혜가 크며 근기가 영리하되 죄과가 없는[359] 사람이 있습니까.[360]

답하여 말하기를 있습니다.

묻기를 누구입니까.

답하여 말하기를 사문인 구담이니 이 한 분은 죄과가 없습니다. 저[361]가 사위타[362]경 가운데 설하기를 석종 사문은 허물이 없나니

---

357 경조輕躁는 방정맞고 성미가 조급한 것을 말한다.

358 원문에 담식噉食은 곧 식탐이니 게걸스럽게 먹는 것을 말한다.

359 원문에 무유無有는 유무有無라야 옳다.

360 12번째 질문이다.

361 저란, 니건자이다.

말하자면 태어나서 대가大家에 있었지만 속이거나 미워하지 않았으니 무슨 까닭인가. 이는 전륜왕의 종족인 까닭이며,
종성이 호걸이고 존귀하시지만 가히 속이거나 미워하지 않았으니 감자甘蔗[363] 종성가에 태어난 까닭이며,
복덕을 장엄하였지만 가히 속이거나 미워하지 않았으니 삼십이상과 팔십종호로 몸을 장엄한 까닭이다.
이 아래에 여래가 큰 자비와 걸림 없는 변재와 십력과 사무소외와 모든 불공不共의 공덕을 구족한 것을 폭넓게 설하며,
삼십이상과 팔십종호와 일체 공덕을 폭넓게 설하고 말하기를 오직 이 한 사람만은 허물이 없다 하였습니다. 한데 왕이 듣고 발심[364]하였다 하였으니,
곧 나머지 사람은 다 허물을 면치 못함을 나타내었기에 그런 까닭으로 지금 소문에 말하기를 능히 허물을 설할 자가 없다 하였다.

---

362 사위타四圍陀는 사폐타(네 가지 베다)이다.

363 감자甘蔗는 사탕수수이다.

364 원문에 왕문발심王聞發心 네 자는 무유과실無有過失 아래에 들어가야 한다. 그러나 『잡화기』는 말하기를 저 경에는 응당 허물이 없다 한 아래에 있어야 할 것이지만, 그러나 지금에 초주가 오직 부처님 한 사람만이 허물이 없는 사람이라는 뜻을 결론적으로 나타내고자 한 까닭으로 제일 뒤의 문장에 옮겨둔 것이다 하였으나, 나는 옮겨서 번역하였다. 『유망기』도 나의 뜻과 같이 말하고 있다.

經

諸佛子야 此四天下南에 次有世界하니 名爲難忍이라 如來於彼에 或名帝釋이며 或名寶稱이며 或名離垢며 或名實語며 或名能調伏이며 或名具足喜며 或名大名稱이며 或名能利益이며 或名無邊이며 或名最勝이라 如是等其數十千으로 令諸衆生으로 各別知見케하시니라

모든 불자여, 이 사천하 남쪽에 다음으로 세계가 있나니 이름이 참기 어려운 곳입니다.

여래가 저곳에서 혹은 이름이 제석이며
혹은 이름이 보배라 부르며
혹은 이름이 때를 떠난 사람이며
혹은 이름이 진실한 말을 하는 사람이며
혹은 이름이 능히 조복하는 사람이며
혹은 이름이 환희를 구족한 사람이며
혹은 이름이 크게 소문난 사람이며
혹은 이름이 능히 이익케 하는 사람이며
혹은 이름이 끝없는 사람이며
혹은 이름이 가장 수승한 사람입니다.
이와 같은 등 그 명호 수 십천으로써 모든 중생으로 하여금 각각 다르게 알아보게 하십니다.

疏

南云帝釋者는 爲天人主하야 能稱物心故니라

남쪽에 말하기를 제석이라고 한 것은 하늘과 인간의 주인이 되어 능히 중생의 마음에 칭합하는 까닭이다.

經

諸佛子야 此四天下西에 次有世界하니 名爲親慧이라 如來於彼에 或名水天이며 或名喜見이며 或名最勝王이며 或名調伏天이며 或名眞實慧며 或名到究竟이며 或名歡喜며 或名法慧며 或名所作已辦이며 或名善住라 如是等其數十千으로 令諸衆生으로 各別知見케하시니라

모든 불자여, 이 사천하 서쪽에 다음으로 세계가 있나니 이름이 지혜를 친하는 곳입니다.

여래가 저곳에서 혹은 이름이 물이요 하늘이며
혹은 이름이 환희로 보는 사람이며
혹은 이름이 가장 수승한 왕이며
혹은 이름이 조복하는 하늘이며
혹은 이름이 진실한 지혜이며
혹은 이름이 구경에 이른 사람이며
혹은 이름이 환희하는 사람이며
혹은 이름이 진리의 지혜이며
혹은 이름이 소작사를 이미 갖춘 사람이며
혹은 이름이 잘 머무는 사람입니다.
이와 같은 등 그 명호 수 십천으로써 모든 중생으로 하여금 각각 다르게 알아보게 하십니다.

疏

西云水天者는 水善利萬物이요 天光淨故니라

서쪽에 말하기를 물이요 하늘이라고 한 것은 물은 만물을 잘 이익케 하는 것이요
하늘은 광명이 청정한 까닭이다.

經

諸佛子야 此四天下北에 次有世界하니 名有師子라 如來於彼에 或名大牟尼며 或名苦行이며 或名世所尊이며 或名最勝田이며 或名一切智며 或名善意며 或名淸淨이며 或名毉羅跋那며 或名最上施며 或名苦行得이라 如是等其數十千으로 令諸衆生으로 各別知見케하시니라

모든 불자여, 이 사천하 북쪽에 다음으로 세계가 있나니 이름이 사자가 있는 곳입니다.
여래가 저곳에서 혹은 이름이 대모니이며
혹은 이름이 고행하는 사람이며
혹은 이름이 세간에서 존중하는 바 사람이며
혹은 이름이 가장 수승한 밭이며
혹은 이름이 일체 지혜이며
혹은 이름이 좋은 뜻이며
혹은 이름이 청정한 사람이며
혹은 이름이 예라발나이며
혹은 이름이 최상으로 보시하는 사람이며
혹은 이름이 고행을 얻은 사람입니다.
이와 같은 등 그 명호 수 십천으로써 모든 중생으로 하여금 각각 다르게 알아보게 하십니다.

疏

北方에 瑿羅跋那者는 具云瑿濕弗羅跋那니 瑿濕弗은 自在也요 羅跋那者는 聲也니 卽圓音自在耳라

북쪽에 예라발나라고 한 것은 갖추어 말하면 예섭불라발나이니
예섭불은 자재요,
나발나는 소리이니
곧 원만한 음성이 자재하다는 뜻이다.

經

諸佛子야 此四天下東北方에 次有世界하니 名妙觀察이라 如來於彼에 或名調伏魔며 或名成就며 或名息滅이며 或名賢天이며 或名離貪이며 或名勝慧며 或名心平等이며 或名無能勝이며 或名智慧音이며 或名難出現이라 如是等其數十千으로 令諸衆生으로 各別知見케하시니라

諸佛子야 此四天下東南方에 次有世界하니 名爲喜樂이라 如來於彼에 或名極威嚴이며 或名光焰聚며 或名遍知며 或名祕密이며 或名解脫이며 或名性安住며 或名如法行이며 或名淨眼王이며 或名大勇健이며 或名精進力이라 如是等其數十千으로 令諸衆生으로 各別知見케하시니라

諸佛子야 此四天下西南方에 次有世界하니 名甚堅牢라 如來於彼에 或名安住며 或名智主이며 或名圓滿이며 或名不動이며 或名妙眼이며 或名頂王이며 或名自在音이며 或名一切施며 或名持衆仙이며 或名勝須彌라 如是等其數十千으로 令諸衆生으로 各別知見케하시니라

모든 불자여, 이 사천하 동북쪽에 다음으로 세계가 있나니 이름이 묘하게 관찰하는 곳입니다.

여래가 저곳에서 혹은 이름이 마군을 조복하는 사람이며

혹은 이름이 성취한 사람이며

혹은 이름이 쉬어 소멸한 사람이며
혹은 이름이 어진 하늘이며
혹은 이름이 탐욕을 떠난 사람이며
혹은 이름이 수승한 지혜이며
혹은 이름이 마음이 평등한 사람이며
혹은 이름이 능히 이길 수 없는 사람이며
혹은 이름이 지혜의 소리이며
혹은 이름이 출현하기 어려운 사람입니다.
이와 같은 등 그 명호 수 십천으로써 모든 중생으로 하여금 각각 다르게 알아보게 하십니다.

모든 불자여, 이 사천하 동남쪽에 다음으로 세계가 있나니 이름이 기뻐하고 좋아하는 곳입니다.
여래가 저곳에서 혹은 이름이 지극히 위엄스런 사람이며
혹은 이름이 광명 불꽃 뭉치이며
혹은 이름이 두루 아는 사람이며
혹은 이름이 비밀한 사람이며
혹은 이름이 해탈한 사람이며
혹은 이름이 자성에 편안히 머문 사람이며
혹은 이름이 여법하게 수행한 사람이며
혹은 이름이 청정한 눈의 왕이며
혹은 이름이 크게 용건한 사람이며
혹은 이름이 정진력입니다.

이와 같은 등 그 명호 수 십천으로써 모든 중생으로 하여금 각각 다르게 알아보게 하십니다.

모든 불자여, 이 사천하 서남쪽에 다음으로 세계가 있나니 이름이 매우 견고한 곳입니다.

여래가 저곳에서 혹은 이름이 편안히 머무는 사람이며

혹은 이름이 지혜의 주인[365]이며

혹은 이름이 원만한 사람이며

혹은 이름이 움직이지 않는 사람이며

혹은 이름이 묘한 눈이며

혹은 이름이 최고왕이며

혹은 이름이 자재한 음성이며

혹은 이름이 일체를 보시하는 사람이며

혹은 이름이 대중을 호지하는 신선[366]이며

혹은 이름이 수승한 수미산입니다.

이와 같은 등 그 명호 수 십천으로써 모든 중생으로 하여금 각각 다르게 알아보게 하십니다.

---

365 지혜의 주인(智主)이라고 한 것은 합론合論에는 지혜의 왕(智王)이라 하였다.

366 僊은 선仙 자와 같다.

經

諸佛子야 此四天下西北方에 次有世界하니 名爲妙地라 如來於彼에 或名普遍이며 或名光焰이며 或名摩尼髻며 或名可憶念이며 或名無上義며 或名常喜樂이며 或名性淸淨이며 或名圓滿光이며 或名脩臂며 或名住本이라 如是等其數十千으로 令諸衆生으로 各別知見케하시니라

諸佛子야 此四天下次下方에 有世界하니 名爲焰慧라 如來於彼에 或名集善根이며 或名師子相이며 或名猛利慧며 或名金色焰이며 或名一切知識이며 或名究竟音이며 或名作利益이며 或名到究竟이며 或名眞實天이며 或名普遍勝이라 如是等其數十千으로 令諸衆生으로 各別知見케하시니라

諸佛子야 此四天下次上方에 有世界하니 名曰持地라 如來於彼에 或名有智慧며 或名淸淨面이며 或名覺慧며 或名上首며 或名行莊嚴이며 或名發歡喜며 或名意成滿이며 或名如盛火며 或名持戒며 或名一道라 如是等其數十千으로 令諸衆生으로 各別知見케하시니라

모든 불자여, 이 사천하 서북쪽에 다음으로 세계가 있나니 이름이 미묘한 땅입니다.

여래가 저곳에서 혹은 이름이 널리 두루하는 사람이며

혹은 이름이 광명의 불꽃이며

혹은 이름이 마니 상투이며

혹은 이름이 가히 기억하여 생각하는 사람이며
혹은 이름이 더 이상 없는 뜻이며
혹은 이름이 항상 기쁘게 하고 즐겁게 하는 사람이며
혹은 이름이 성품이 청정한 사람이며
혹은 이름이 원만한 광명이며
혹은 이름이 긴 팔이며
혹은 이름이 근본에 머무는 사람입니다.
이와 같은 등 그 명호 수 십천으로써 모든 중생으로 하여금 각각 다르게 알아보게 하십니다.

모든 불자여, 이 사천하 다음 아래쪽에 세계가 있나니 이름이 불꽃 지혜가 나는 곳입니다.
여래가 저곳에서 혹은 이름이 선근을 모으는 사람이며
혹은 이름이 사자의 모습이며
혹은 이름이 용맹하고 영리하고 지혜로운 사람이며
혹은 이름이 금색 불꽃이며
혹은 이름이 일체를 아는 사람이며
혹은 이름이 구경의 음성이며
혹은 이름이 이익을 짓는 사람이며
혹은 이름이 구경에 이른 사람이며
혹은 이름이 진실한 하늘이며
혹은 이름이 널리 두루 수승한 사람입니다.
이와 같은 등 그 명호 수 십천으로써 모든 중생으로 하여금 각각 다르게 알아보게 하십니다.

모든 불자여, 이 사천하 다음 위쪽에 세계가 있나니 이름이 땅을 호지하는 곳입니다.

여래가 저곳에서 혹은 이름이 지혜가 있는 사람이며
혹은 이름이 청정한 얼굴이며
혹은 이름이 깨달은 지혜이며
혹은 이름이 최고 으뜸이며
혹은 이름이 수행으로 장엄한 사람이며
혹은 이름이 환희를 발생하는 사람이며
혹은 이름이 뜻을 성취하여 만족한 사람이며
혹은 이름이 왕성한 불길과 같은 사람이며
혹은 이름이 계를 가지는 사람이며
혹은 이름이 한길입니다.
이와 같은 등 그 명호 수 십천으로써 모든 중생으로 하여금 각각 다르게 알아보게 하십니다.

疏

上云盛火者는 盛火焚薪에 不擇林木인달하야 佛智利物에 無揀賢愚니라

위쪽에 말하기를 왕성한 불길이라고 한 것은 왕성한 불길이 나무를 태움에 숲과 나무를 가리지 않는 것과 같아서 부처님의 지혜도

중생을 이익케 함에 어질고 어리석음을 가리지 않는다는 것이다.

疏

問이라 餘聖教說호대 大輪圍內에 平布百億하대 上卽諸天이요 下安地獄이라하얏거늘 如何此說上下에 皆有四洲고 答이라 此教所說은 事隨理融일새 隨說法處하야 卽是當中이니 縱極上際하고 旁至大輪圍山하며 亦有十方이 互爲主伴하야 以融爲眷屬이라도 本數非多니 十方界融도 亦準於此니라 因此略說娑婆의 融通改非改相인댄 略有其五하니 一은 約事常定이니 如小乘說이요 二는 隨心見異니 若身子梵王이요 三은 就佛而言이니 本非淨穢요 四는 隨法迴轉이니 如上主伴互爲요 五는 潛入微塵이니 如前會說하니라

묻겠다.
나머지 성인의 가르침에 말하기를 대륜위산 안에 백억 세계를 평등하게 포용하되 위쪽은 곧 모든 하늘이요 아래쪽은 지옥을 안치하였다 하였거늘, 어떻게 여기에서는 말하기를 위쪽과 아래쪽에 다 사천하가 있다고 하는가.
답하겠다.
이 화엄교에서 설한 바는 사실이 진리를 따라 융합하기에 설법하는 곳을 따라 곧 중앙에 해당하나니
비록 상제上際[367]를 다하고 곁으로 대륜위산에 이르며

또한 시방이 서로 주반主伴이 되어[368] 융합하여 권속을 삼는 것이 있다 할지라도 본래 수數는 많아지는 것이 아니니

시방세계를 융합하는 것도 또한 여기 위쪽(上方)을 기준할 것이다.

이로 인하여 사바세계의 융통하고[369] 고치고 고치지 않는 모습을 간략하게 설한다면 간략하게 다섯 가지가 있나니

첫 번째는 현실이 영원하다고 결정적으로 말함을 잡은 것이니 소승에서 설한 것과 같은 것이요

두 번째는 마음을 따라 다름을 보는 것이니 사리불과 나계범왕[370]과 같은 것이요

세 번째는 부처님께 나아가 말하는 것이니 본래 정토·예토가 없는 것이요

네 번째는 법을 따라 회전하는 것이니 위에 주반이 서로 된다고 한 것과 같은 것이요

다섯 번째는 미진세계에 잠입하는 것이니 전 회에서 설한 것과 같다.

---

367 상제上際는 하늘이다.

368 또한 시방이 서로 주·반이 된다고 한 등은 이것은 『현담』 주반중중의 초문 가운데 말한 것과 같다고 『잡화기』는 말한다.

369 『잡화기』는 융통하다고 한 것은 곧 뒤에 두 가지이고, 고치지 않는다고 한 것은 곧 처음에 한 가지이고, 고친다고 한 것을 곧 중간에 두 가지이니 아래 초문에 본래 정토·예토가 없는 것이지만 일천 문이 같지 않는 것은 곧 탁사현법생해문의 뜻이다고 한 까닭이라 하였다.

370 사리불 운운은, 사리불은 사바세계를 구덩이는 구덩이대로, 산은 산대로 보고, 나계범왕은 사바세계를 천상으로 본다고 한 『유마경』의 말이다.

鈔

因此以下는 二에 類顯義理니 卽五教意라 二는 通始終이요 三은 卽頓教요 四五는 皆圓이라

이로 인하여라고 한 이하는 두 번째 비류하여 의리를 나타내는 것이니 곧 오교五教의 뜻이다.
두 번째는[371] 시교와 종교에 통하는 것이요
세 번째는 곧 돈교요
네 번째와 다섯 번째는 다 원교이다.

疏

若通論餘淨土인댄 更有五義하니 謂諸刹相入義와 相卽義와 一具一切義와 廣陝自在義와 帝網重疊義니 並如前後의 諸文所說하니라

만약[372] 나머지 정토를 해통하여 논함을 잡는다면 다시 다섯 가지 뜻이 있나니,
말하자면 모든 세계가 상입相入하는 뜻과 상즉相卽하는 뜻과 하나에

371 두 번째 운운한 것은 첫 번째 소승교가 없는 것은 소문에 이미 말한 때문이다.

372 원문에 약통若通 운운은 소본에는 약若 자 아래에 약約 자가 있고 논論 자 아래에 제諸 자가 있다고 『잡화기』는 말한다. 그러나 이 두 글자가 없다 해도 그 뜻에는 무방하다 하겠다.

일체를 구족하는 뜻과 넓고 좁은 것이 자재한 뜻과 제망이 중첩한 뜻이니
아울러 앞뒤의 모든 문장에서 설한 바와 같다.

鈔

若通論下는 該通諸刹이니 以上五義는 但語娑婆요 今該橫竪로 一切諸刹이라 此五도 亦卽成就品中에 十無礙義나 欲對上五하야 顯其無盡일새 故復重明이라 又前約五敎하야 以法隨機요 此五約理하야 直語融卽이니 一에 相入義는 卽一多相容不同門이요 二에 相卽義는 卽諸法相卽自在門이요 三에 一具一切는 卽同時具足相應門이요 四에 卽廣卽狹은 是廣狹自在無礙門이요 五는 卽因陀羅網境界門이라 又兼上五인댄 潛入微塵은 卽微細義요 隨法迴轉은 卽主件義요 隨心見異는 卽隱顯義요 就佛而言인댄 本非淨穢나 託事表法인댄 千門不同은 卽託事義요 顯於時中은 卽十世義니 十玄具矣니라 上之十義는 直約處明일새 立名如是어니와 若小乘中인댄 盡三千界가 唯一釋迦요 若大乘說인댄 亦百億內에 有百億釋迦하고 餘十方刹은 自是別佛이라 今約一乘인댄 皆是遮那의 海印頓現이니 餘十方佛도 例此亦然이 猶如燈光이 互入同遍하니라 然於一乘의 不可說體에 建立多名일새 故令此名으로 一一融攝하니라

만약 나머지 정토를 해통하여 논함을 잡는다고 한 아래는 모든 세계를 해통該通하는 것이니,

이상에 다섯 가지 뜻은 다만 사바세계만을 말한 것이요, 지금에는 횡橫과 수竪로 일체 모든 세계를 해통한 것이다.

여기에 다섯 가지 뜻도 또한 곧 세계성취품 가운데 십무애의 뜻이지만 위에[373] 다섯 가지 뜻을 상대하여 그 끝이 없음을 나타내고자 하기에 그런 까닭으로 다시 거듭 밝힌 것이다.

또 앞에 다섯 가지 뜻은 오교를 잡아서 법으로써 근기를 따른 것이요 여기에 다섯 가지 뜻은 이치를 잡아 바로 융합하여 즉함을 말한 것이니

첫 번째 상입하는 뜻이라고 한 것은 곧 일다상용부동문이요

두 번째 상즉하는 뜻이라고 한 것은 곧 제법상즉자재문이요

세 번째 하나에 일체를 구족하는 뜻이라고 한 것은 곧 동시구족상응문이요

네 번째 곧 넓기도 하고 곧 좁기도 한 뜻이라고 한 것은 이것은 광협자재무애문이요

다섯 번째 제망이 중첩한 뜻이라고 한 것은 곧 인다라망경계문이다.

또 위에 다섯 가지 뜻을 겸하여 나타낸다면 미진에 잠입한다고 한 것은 곧 미세상용안립문의 뜻이요

법을 따라 회전한다고 한 것은 곧 주반원명구덕문의 뜻이요

마음을 따라 보는 것이 다르다고 한 것은 곧 비밀은현구성문의 뜻이요

---

373 위에라고 한 것은 영인본 화엄 4책, p.419, 4행이다.

부처님께 나아가 말한다면 본래 정토 예토가 없는 것이지만 사실을 의탁하여 법을 표한다면 일천 문이[374] 같지 않는 것은 곧 탁사현법생해문의 뜻이요
그때 가운데 나타나는 것[375]은 곧 십세격법이성문의 뜻이니 십현문이 갖추어졌다.

이상에 열 가지 뜻은 바로 처소를 잡아 밝혔기에[376] 이름을 세운 것이 이와 같거니와, 만약 소승 가운데 설한 것이라면 모든 삼천세계가 오직 한 석가뿐이요
만약 대승 가운데 설한 것이라면 또한 백억 세계 안에 백억 석가가 있고 나머지 시방세계는 스스로 다른 부처님이 있다.
지금에 일승 가운데 설한 것을 잡는다면 다 비로자나의 해인삼매에서 문득 나타낸 것이니
나머지 시방의 부처님도 여기에 비례하면 또한 그러한 것이, 비유하자면 등불의 광명이 서로 들어가 동시에 두루한 것과 같다.

---

374 일천 문이 같지 않다고 한 것은 세계가 한량이 없는 것을 가리킨 것이다.
375 그때 가운데 나타나는 것이라고 한 것은 위에 아홉 가지가 다 그때 가운데 나타나는 까닭이다. 이상은 다 『잡화기』의 말이다.
376 원문에 직약처명直約處明 운운은 『잡화기』에 처명'이어니와' 입명'도' 여시'하니' 吐라 하고, 해석하기를 말하자면 이상에 열 가지 뜻은 곧 처소를 잡아 융섭의 뜻을 밝혔거니와 지금에 부처님의 이름을 잡은 것도 또한 능히 융섭하는 뜻을 밝힌 것이니, 하열한 것을 상대하여 수승한 것을 나타내는 것임을 가히 알 수 있을 것이다 하였다. 그러나 나는 처명'일새' 입명'이' 여시'어니와' 吐로 번역하였으니 그 뜻은 크게 다름이 없다 하겠다.

그러나 일승의 가히 말할 수 없는 몸에 수많은 부처님의 이름을 건립하였기에 그런 까닭으로 이 이름[377]으로 하여금 낱낱이 융합하여 섭수하는 것이다.

377 이 이름이란, 비로자나이다.

經

諸佛子야 此娑婆世界에 有百億四天下하니 如來於中에 有百億萬種種名號하야 令諸衆生으로 各別知見케하시니라

모든 불자여, 이 사바세계에 백억 사천하가 있나니 여래가 그 가운데 백억만 가지가지 명호를 두어서 모든 중생으로 하여금 각각 다르게 알아보게 하십니다.

疏

三에 諸佛子야 此娑婆下는 總結娑婆라

세 번째 모든 불자여, 이 사바세계라고 한 아래는 사바세계를 모두 맺는 것이다.

經

諸佛子야 此娑婆世界東에 次有世界하니 名爲密訓이라 如來於彼에 或名平等이며 或名殊勝이며 或名安慰며 或名開曉意며 或名聞慧며 或名眞實語며 或名得自在며 或名最勝身이며 或名大勇猛이며 或名無等智라 如是等百億萬種種名號로 令諸衆生으로 各別知見케하시니라

모든 불자여, 이 사바세계 동쪽에 다음으로 세계가 있나니 이름이 비밀하게 가르치는 곳입니다.

여래가 저곳에서 혹은 이름이 평등한 사람이며
혹은 이름이 수승한 사람이며
혹은 이름이 안위이며
혹은 이름이 뜻을 열어 밝히는 사람이며
혹은 이름이 듣는 지혜이며
혹은 이름이 진실한 말을 하는 사람이며
혹은 이름이 자재를 얻은 사람이며
혹은 이름이 가장 수승한 몸이며
혹은 이름이 대용맹이며
혹은 이름이 비등할 수 없는 지혜입니다.
이와 같은 등 백억만 가지가지 명호로써 모든 중생으로 하여금 각각 다르게 알아보게 하십니다(북장경을 의지하여 증정하였다).

疏

二에 諸佛子此下는 彰娑婆隣近十方이니 亦爲十段이라 密訓唯九者는 勘晉經호니 開曉意下는 闕一聞慧라

두 번째 모든 불자야, 이 사바세계라고 한 아래는 사바세계 인근의 시방을 밝힌 것이니
또한 십단이 되는 것이다.
비밀하게 가르치는 곳(密訓)이 오직 아홉뿐인 것은 진경晉經을 살펴보니 뜻을 열어 밝히는 이름 아래에 하나의 듣는 지혜(聞慧)가 빠졌기 때문이다.

經

諸佛子야 此娑婆世界南에 次有世界하니 名曰豐溢이라 如來於彼에 或名本性이며 或名勤意며 或名無上尊이며 或名大智炬며 或名無所依며 或名光明藏이며 或名智慧藏이며 或名福德藏이며 或名天中天이며 或名大自在라 如是等百億萬種種名號로 令諸衆生으로 各別知見케하시니라

모든 불자여, 이 사바세계 남쪽에 다음으로 세계가 있나니 이름이 풍부하게 넘치는 곳입니다.
여래가 저곳에서 혹은 이름이 본성이며
혹은 이름이 부지런한 뜻이며
혹은 이름이 더 이상 없는 높은 사람이며
혹은 이름이 큰 지혜 횃불이며
혹은 이름이 의지할 바 없는 사람이며
혹은 이름이 광명의 창고이며
혹은 이름이 지혜의 창고이며
혹은 이름이 복덕의 창고이며
혹은 이름이 하늘 가운데 하늘이며
혹은 이름이 대자재입니다.
이와 같은 등 백억만 가지가지 명호로써 모든 중생으로 하여금 각각 다르게 알아보게 하십니다.

疏

南方唯二니 舊經則具어니와 乃是新本脫漏라 準前後例인댄 不應獨此便略이라

남쪽에는 오직 두 가지뿐[378]이니 구경舊經에는 곧 갖추어 있거니와 이에 이 신본新本에는 빠져 있다.
앞뒤에 열 가지 이름의 예[379]를 기준한다면 응당 홀로 여기에만 문득 생략될 이유가 없는 것이다.

---

378 남쪽에는 오직 두 가지뿐이라고 한 것은 그러한즉 나머지 여덟 가지는 응당 엽거사葉居士가 북장경을 의지하여 보증한 바이니, 소본에는 오직 두 가지 이름뿐인 까닭이다. 전단에 이미 이 말이 있었다면 곧 가히 비례하여 알 수 있는 까닭으로 여기에 다시 말하지 않는 것이다. 그러나 소본에 말하기를 신·구의 두 경에 함께 여덟 가지 이름이 빠진 것은 대개 이 범본이 탈루된 것이다 하였으니 누구의 말이 옳은지 아직은 알지 못하겠다. 이상은 『잡화기』의 말이다.

유이唯二란, 본성本性과 근의勤意이다.

379 원문에 전후예前後例란, 전후前後에 십명十名의 예이다.

經

諸佛子야 此娑婆世界西에 次有世界하니 名爲離垢라 如來於彼에 或名意成이며 或名知道며 或名安住本이며 或名能解縛이며 或名通達義며 或名樂分別이며 或名最勝見이며 或名調伏行이며 或名衆苦行이며 或名具足力이라 如是等百億萬種種名號로 令諸衆生으로 各別知見케하시니라
諸佛子야 此娑婆世界北에 次有世界하니 名曰豐樂이라 如來於彼에 或名薝蔔華色이며 或名日藏이며 或名善住며 或名現神通이며 或名性超邁며 或名慧日이며 或名無礙며 或名如月現이며 或名迅疾風이며 或名淸淨身이라 如是等百億萬種種名號로 令諸衆生으로 各別知見케하시니라
諸佛子야 此娑婆世界東北方에 次有世界하니 名爲攝取라 如來於彼에 或名永離苦며 或名普解脫이며 或名大伏藏이며 或名解脫智며 或名過去藏이며 或名寶光明이며 或名離世間이며 或名無礙地며 或名淨信藏이며 或名心不動이라 如是等百億萬種種名號로 令諸衆生으로 各別知見케하시니라

모든 불자여, 이 사바세계 서쪽에 다음으로 세계가 있나니 이름이 때를 떠난 곳입니다.
여래가 저곳에서 혹은 이름이 뜻을 이룬 사람이며
혹은 이름이 도를 아는 사람이며
혹은 이름이 편안히 근본에 머무는 사람이며

혹은 이름이 능히 결박을 푸는 사람이며
혹은 이름이 통달한 뜻이며
혹은 이름이 즐겁게 분별하는 사람이며
혹은 이름이 가장 수승한 견해이며
혹은 이름이 조복을 행하는 사람이며
혹은 이름이 수많은 고통을 행하는 사람이며
혹은 이름이 구족한 힘입니다.
이와 같은 등 백억만 가지가지 명호로써 모든 중생으로 하여금 각각 다르게 알아보게 하십니다.

모든 불자여, 이 사바세계 북쪽에 다음으로 세계가 있나니 이름이 풍요롭고 즐거운 곳입니다.
여래가 저곳에 혹은 이름이 담복화 색이며
혹은 이름이 태양 창고이며
혹은 이름이 잘 머무는 사람이며
혹은 이름이 신통을 나타내는 사람이며
혹은 이름이 자성이 멀리[380] 뛰어난 사람이며
혹은 이름이 지혜 태양이며
혹은 이름이 걸림이 없는 사람이며
혹은 이름이 달이 나타나는 것과 같으며
혹은 이름이 빠른 바람이며

380 邁는 멀리 갈 매 자이다.

혹은 이름이 청정한 몸입니다.
이와 같은 등 백억만 가지가지 명호로써 모든 중생으로 하여금 각각 다르게 알아보게 하십니다.

모든 불자여, 이 사바세계 동북쪽에 다음으로 세계가 있나니 이름이 섭수하여 취하는 곳입니다.
여래가 저곳에서 혹은 이름이 영원히 고통을 떠난 사람이며
혹은 이름이 널리 해탈한 사람이며
혹은 이름이 큰 복장伏藏이며
혹은 이름이 해탈한 지혜이며
혹은 이름이 과거 창고이며
혹은 이름이 보배광명이며
혹은 이름이 세간을 떠난 사람이며
혹은 이름이 걸림 없는 땅이며
혹은 이름이 청정한 믿음의 창고이며
혹은 이름이 마음이 움직이지 않는 사람입니다.
이와 같은 등 백억만 가지가지 명호로써 모든 중생으로 하여금 각각 다르게 알아보게 하십니다.

經

諸佛子야 此娑婆世界東南方에 次有世界하니 名爲饒益이라 如來於彼에 或名現光明이며 或名盡智며 或名美音이며 或名勝根이며 或名莊嚴蓋며 或名精進根이며 或名到分別彼岸이며 或名勝定이며 或名簡言辭며 或名智慧海라 如是等百億萬種種名號로 令諸衆生으로 各別知見케하시니라

諸佛子야 此娑婆世界西南方에 次有世界하니 名爲鮮少라 如來於彼에 或名牟尼主며 或名具衆寶며 或名世解脫이며 或名遍知根이며 或名勝言辭며 或名明了見이며 或名根自在며 或名大仙師며 或名開導業이며 或名金剛師子라 如是等百億萬種種名號로 令諸衆生으로 各別知見케하시니라

諸佛子야 此娑婆世界西北方에 次有世界하니 名爲歡喜라 如來於彼에 或名妙華聚며 或名栴檀蓋며 或名蓮華藏이며 或名超越諸法이며 或名法寶며 或名復出生이며 或名淨妙蓋며 或名廣大眼이며 或名有善法이며 或名專念法이며 或名網藏이라 如是等百億萬種種名號로 令諸衆生으로 各別知見케하시니라

모든 불자여, 이 사바세계 동남쪽에 다음으로 세계가 있나니 이름이 요익케 하는 곳입니다.

여래가 저곳에서 혹은 이름이 광명을 나타내는 사람이며

혹은 이름이 모든 지혜이며

혹은 이름이 아름다운 목소리이며

혹은 이름이 수승한 근성이며
혹은 이름이 장엄한 일산이며
혹은 이름이 정진의 뿌리이며
혹은 이름이 피안에 이름을 분별하는[381] 사람이며
혹은 이름이 수승한 삼매이며
혹은 이름이 말을 분별하는 사람이며
혹은 이름이 지혜의 바다입니다.
이와 같은 등 백억만 가지가지 명호로써 모든 중생으로 하여금 각각 다르게 알아보게 하십니다.

모든 불자여, 이 사바세계 서남쪽에 다음으로 세계가 있나니 이름이 적은 곳입니다.
여래가 저곳에서 혹은 이름이 모니 주인이며
혹은 이름이 수많은 보배를 구족한 사람이며
혹은 이름이 세간을 해탈한 사람이며
혹은 이름이 두루 아는 근성이며
혹은 이름이 수승한 말이며
혹은 이름이 분명하게 알아보는 사람이며
혹은 이름이 근성이 자재한 사람이며
혹은 이름이 큰 선사仙師이며
혹은 이름이 열어 인도하는 것이 업業이며

---

381 원문에 도분별피안到分別彼岸이라고 한 것은 분별하여 피안에 이르는 것이라고도 해석한다.

혹은 이름이 금강사자입니다.
이와 같은 등 백억만 가지가지 명호로써 모든 중생으로 하여금 각각 다르게 알아보게 하십니다.

모든 불자여, 이 사바세계 서북쪽에 다음으로 세계가 있나니 이름이 환희한 곳입니다.
여래가 저곳에서 혹은 이름이 묘한 꽃 뭉치이며
혹은 이름이 전단 일산이며
혹은 이름이 연꽃 창고이며
혹은 이름이 모든 법을 초월한 사람이며
혹은 이름이 진리의 보배이며
혹은 이름이 다시 출생한 사람이며
혹은 이름이 청정하고 묘한 일산이며
혹은 이름이 광대한 눈이며
혹은 이름이 선한 법이 있는 사람이며
혹은 이름이 오로지 법만을 생각하는 사람이며
혹은 이름이 그물의 창고입니다.
이와 같은 등 백억만 가지가지 명호로써 모든 중생으로 하여금 각각 다르게 알아보게 하십니다.

疏

西北方에 名有十一者는 獨此有餘일새 不成文體라 此中專念法

은 應卽是前의 所脫聞慧니 亦是梵本之漏어늘 注者가 誤安貝葉耳니라

서북쪽에 이름이 열한 가지가 있는 것은 유독 여기에만 여분이 있기에[382] 문체가 이루어지지 않는 것이다.
이 가운데 오로지 법만을 생각한다고 한 것은 응당 이 앞에 빠진 바 듣는 지혜(聞慧)[383]이니,
역시 범본에도 빠졌거늘 주석한 사람이 착오로 패엽경을 두었을 뿐이다.

382 유여有餘의 여餘란, 하나가 더 있다는 것이다.

383 이 앞에 빠진 바 듣는 지혜라고 한 것은, 지금의 서북쪽에 십일단이 있는 것은 제 열 번째 혹은 이름이 오로지 법만 생각하는 사람(或名專念法)이라 한 것이 앞의 사바세계 동쪽(영인본 화엄 4책, p.421, 10행)에 빠진 바 듣는 지혜(或名聞慧)이니, 역시 범본에도 이것이 없거늘 주석한 사람이 착오로 패엽경을 더하여 두었을 뿐이라는 것이다.

經

諸佛子야 此娑婆世界次下方에 有世界하니 名爲關鑰이라 如來於彼에 或名發起焰이며 或名調伏毒이며 或名帝釋弓이며 或名無常所며 或名覺悟本이며 或名斷增長이며 或名大速疾이며 或名常樂施며 或名分別道며 或名摧伏幢라 如是等百億萬種種名號로 令諸衆生으로 各別知見케하시니라

모든 불자여, 이 사바세계 다음 아래쪽에 세계가 있나니 이름이 관약[384]한 곳입니다.
여래가 저곳에서 혹은 이름이 발기하는 불꽃이며
혹은 이름이 조복하는 독약이며
혹은 이름이 제석의 활이며
혹은 이름이 무상의 처소이며
혹은 이름이 깨달음의 근본이며
혹은 이름이 끊고 증장하는 사람이며
혹은 이름이 크게 빠른 사람이며
혹은 이름이 당연히 즐겁게 보시하는 사람이며
혹은 이름이 분별하는 길이며
혹은 이름이 꺾어 절복하는 당기입니다.
이와 같은 등 백억만 가지가지 명호로써 모든 중생으로 하여금 각각 다르게 알아보게 하십니다.

---

384 관약關鑰은 문빗장과 자물쇠이니, 전하여 중요한 곳을 말한다.

疏

下方에 云帝釋弓者는 如來念定之弓이니 以明利箭으로 能射業惑의 阿修羅故라 然舊云法命主는 意取帝釋이니 以法教命으로 爲天主故라 今云其弓은 但一事耳라 若作宮室字인댄 以處取人이니 大同晉本하니라

아래쪽에 말하기를 제석의 활이라고 한 것은 여래 염정念定의 활이니 분명하고 예리한 화살로 능히 업혹의 아수라를 쏘는 까닭이다. 그러나 구경舊經에 말하기를 법명주法命主[385]라고 한 것은 그 뜻이 지금에 제석을 취한 것이니[386]
법의 교명으로써 천주天主를 삼는 까닭이다.
지금에 말하기를 활(弓)이라고 한 것은 다만 한 사실(一事)일 뿐이다.[387]

만약 궁실宮室이라는 궁宮 자를 지으면 처소로써 사람을 취하는 것이니

385 원문에 법명주法命主라고 한 것은 제석帝釋의 이명異名이다.

386 그 뜻이 지금에 제석을 취한 것이라고 한 것은 지금 경문에 제석의 활이라 말한 까닭으로 저 구경에 법명주라고 한 말이 그 뜻이 제석을 취하고 있는 줄 알 것이다. 이상은 『잡화기』의 말이다.

387 원문에 궁단일사이弓但一事耳란, 법명주法命主라고 하면 제석帝釋을 총지總指한 것이고, 제석궁帝釋弓이라고 하면 다만 일사一事만 취한 것이다. 역시 『잡화기』의 말이다.

진본晉本과 대동하다 하겠다.[388]

388 원문에 대동진본大同晉本이란, 여기 제석궁帝釋弓과 저 진경晉經의 법명주法命主는 같다. 단 궁弓 자를 궁宮 자로만 바꾸면 된다. p.413, 말행末行, 사천하四天下 남방南方에 제석帝釋이라는 여래如來의 이름이 있었기에 구분하는 이유로 궁弓이라 한 것이기도 하다 할 것이다.

經

諸佛子야 此娑婆世界次上方에 有世界하니 名曰振音이라 如來於彼에 或名勇猛幢이며 或名無量寶며 或名樂大施며 或名天光이며 或名吉興이며 或名超境界며 或名一切主며 或名不退輪이며 或名離衆惡이며 或名一切智라 如是等百億萬種種名號로 令諸衆生으로 各別知見케하시니라

諸佛子야 如娑婆世界하야 如是東方으로 百千億無數無量하고 無邊無等하고 不可數하고 不可稱하고 不可思하고 不可量하고 不可說하는 盡法界와 虛空界의 諸世界中에 如來名號도 種種不同하며 南西北方과 四維上下도 亦復如是하니라

모든 불자여, 이 사바세계 다음 위쪽에 세계가 있나니 이름이 진동하는 소리입니다.

여래가 저곳에서 혹은 이름이 용맹한 당기며

혹은 이름이 한량없는 보배이며

혹은 이름이 즐거운 마음으로 크게 보시하는 사람이며

혹은 이름이 하늘 광명이며

혹은 이름이 길상을 일으키는 사람이며

혹은 이름이 경계를 초월한 사람이며

혹은 이름이 일체에 주인이며

혹은 이름이 물러나지 않는 바퀴이며

혹은 이름이 수많은 악을 떠난 사람이며

혹은 이름이 일체 지혜입니다.
이와 같은 등 백억만 가지가지 명호로써 모든 중생으로 하여금 각각 다르게 알아보게 하십니다.

모든 불자여, 이 사바세계와 같아서 이와 같이 동방으로 백천억 수도 없고 한량도 없고 끝도 없고 비등할 수도 없고 가히 셀 수도 없고 가히 이름할 수도 없고 가히 생각할 수도 없고 가히 헤아릴 수도 없고 가히 설할 수도 없는 온 법계와 허공계의 모든 세계 가운데 여래의 명호도 가지가지가 같지 아니하며,
남서북방과 사유四維와 상·하도 또한 다시 이와 같았습니다.

疏

第三에 諸佛子야 如娑婆下는 類通一切니 準四諦品인댄 更有擧此하야 例餘十方도 亦如娑婆하야 互爲主伴이라

제 세 번째 모든 불자여, 이 사바세계와 같아서라고 한 아래는 비류하여 일체 세계를 통석한[389] 것이니,
사성제품을 기준한다면 다시 이 사바세계를 들어 나머지 시방세계에 비례함이 있는 것도 또한 사바세계와 같이 서로 주반主伴이 되는 것이다.

---

389 원문에 유통일체類通一切란, 사바세계를 비류하여 일체 세계를 통석한 것이다.

經

如世尊이 昔爲菩薩時에 以種種談論과 種種語言과 種種音聲과 種種業과 種種報와 種種處와 種種方便과 種種根과 種種信解와 種種地位로 而得成熟인달하야 亦令衆生으로 如是知見코자 而爲說法하시니라

세존이 옛날 보살이 되었을 때에[390] 가지가지 담론과
가지가지 언어와
가지가지 음성과
가지가지 업과
가지가지 과보와
가지가지 처소와
가지가지 방편과
가지가지 근성과
가지가지 믿음과 지해와
가지가지 지위로 성숙함을[391] 얻은 것과 같이, 또한 모든 중생으로

390 세존이 옛날 보살이 되었을 때라고 한 아래는 세존의 석시昔時에 일을 말하는 것이다.

391 성숙이라고 운운한 것은, 『잡화기』에 말하기를 이 위에는 석시에 일을 말한 것이고 이 아래는 금시에 일을 말한 것이다. 이 아래 소문 가운데 첫 번째 부처님 스스로가 이미라고 운운한 것과 두 번째 옛날에 보살이 되었을 때라고 운운한 것은 각각 경문 가운데 성숙이라 한 이상에 해당하고, 첫 번째 지금에 도리어 운운한 것과 두 번째 지금 시절에 운운한 것은

하여금[392] 이와 같이 알아보게 하기 위하여 설법하십니다.

疏

第四에 如世尊下는 釋差別所由라 此有二意하니 一은 自旣由於差別名言等하야 而得成就일새 今還倣古하야 以差別熟他요 二는 昔菩薩時에 隨機調物일새 今時出世하야 稱本立名이며 如昔敎衆生하야 令空妄境하야 今成正覺하야 爲立超境界名이니 他皆倣此니라 故而得成熟之言이 通自他也라

제 네 번째 세존과 같다고 한 아래는 차별한 까닭을 해석한 것이다. 여기에 두 가지 뜻이 있나니
첫 번째는 부처님 스스로가 이미 차별한 이름과 언어 등을 인유하여 성취[393]함을 얻었기에 지금에 중생이 도리어 옛날에 부처님을 본받게 하여 차별로써 다른 중생을 성숙케 하는 것이요
두 번째는 옛날 보살이 되었을 때에 근기를 따라 중생을 조복하였기

각각 경문 가운데 또한 중생으로 하여금이라 한 이하에 해당하는 것이다. 그러한즉 두 가지 뜻이 있다고 한 것(此下 소문 1행)은 다만 경문 가운데 성숙이라 한 이상의 문장만 잡아 말한 것일 뿐이니, 또한 중생으로 하여금이라 한 이하의 경문이 곧 처음의 해석 가운데 뜻으로 다 같은 까닭이다 하였다.

392 또한 모든 중생으로 하여금이라고 한 아래는 세존의 금시今時에 일을 말하는 것이다.

393 원문에 성취成就란, 경문經文에는 성숙成熟이라 하였다.

에 지금 시절에 세상에 나와 근본에 칭합하여 이름을 세운[394] 것이며 옛날에 중생을 교화하여 하여금 허망한 경계를 공하게 함과 같아서 지금에 또한 정각을 성취하여 경계를 초월[395]했다는 이름을 세운 것이니

다른 이름은 다 이 이름을 본받을 것이다.[396]

그런 까닭으로 성숙이라는 말이 자타에 통함을 얻는 것이다.

---

394 원문에 칭본입명稱本立名이란, 진실眞實에 칭합하여 방편方便으로 가명假名을 세운 것이라는 것이다.

395 원문에 초경계超境界란, 부처님의 이름이다. 바로 앞에 영인본 화엄 4책, p.427, 7행에 혹명초경계或名超境界라 하였다.

396 다른 이름은 다 이 이름을 본받을 것이다 한 것은 다만 경계를 초월했다는 한 가지 이름만 잡아 근본에 칭합하여 거짓 이름을 세운 것을 밝힌 까닭으로 지금에 그 나머지 이름을 비례한 것이다. 역시 『잡화기』의 말이다.

청량 징관(清涼 澄觀, 738~839)

중국 화엄종의 제4조.

절강성浙江省 월주越州 산음山陰 사람으로, 속성은 하후夏侯, 자는 대휴大休, 탑호는 묘각妙覺이다.

11세에 출가하여 계율, 삼론, 화엄, 천태, 선 등을 비롯, 내외전을 두루 수학하였다. 40세(777년) 이후 오대산 대화엄사에 머물면서 『화엄경』을 여러 차례 강설하였으며, 이를 토대로 『대방광불화엄경소』 60권, 『대방광불화엄경수소연의초』 90권을 저술하고 강의하였다. 796년에는 반야삼장의 『40권 화엄경』 번역에 참여하였고, 덕종에게 내전에서 화엄의 종지를 펼쳤다. 덕종에게 청량국사清涼國師, 헌종에게 승통청량국사僧統清涼國師라는 호를 받는 등 일곱 황제의 국사를 지냈다.

저서로 『화엄경주소華嚴經註疏』, 『화엄경수소연의초華嚴經隨疏演義鈔』, 『화엄경강요華嚴經綱要』, 『화엄경략의華嚴經略義』, 『법계현경法界玄鏡』, 『삼성원융관문三聖圓融觀門』 등 400여 권이 있다.

관허 수진貫虛 守眞

1971년 문성 스님을 은사로 출가, 1974년 수계, 해인사 강원과 금산사 화엄학림을 졸업하고, 운성, 운기 등 당대 강백 열 분에게 10년간 참문수학하였다.

1984년부터 수선안거 10년을 성만하고, 1993년부터 7년간 해인사 강원 강주로 학인들을 지도하였다.

대한불교조계종 교육위원, 역경위원, 교재편찬위원, 중앙종회의원, 범어사 율학승가대학원장 및 율주를 역임하였다.

현재 부산 승학산 해인정사에 주석하면서, 대한불교조계종 고시위원장, 단일계단 계단위원·존증아사리, 동명대학교 석좌교수, 동명대학교 세계선센터 선원장 등의 소임을 맡고 있다.

청량국사화엄경소초 25 - 여래명호품

초판 1쇄 인쇄 2022년 5월 17일 | 초판 1쇄 발행 2022년 5월 27일
청량 징관 찬술 | 관허 수진 현토역주 | 펴낸이 김시열
펴낸곳 도서출판 운주사
(02832) 서울시 성북구 동소문로 67-1 성심빌딩 3층
전화 (02) 926-8361 | 팩스 0505-115-8361
ISBN 978-89-5746-683-4 94220
ISBN 978-89-5746-592-9 (총서) 값 18,000원
http://cafe.daum.net/unjubooks 〈다음카페: 도서출판 운주사〉